KB077769

아무나 쓰고 아무도 모르는

거버넌스

아무나 쓰고 아무도 모르는

거버넌스

이명신 지음

위대한 이사회는
어떻게 만들어지는가

GOVERNANCE

씨
아이
알

프롤로그

거버넌스라는 말이 사회적으로 회자된 지 오래다. 2020년부터 불어온 ESG Environmental, Social and Governance 열풍은 거버넌스 논의를 더욱 촉발하여 정부, 기업, 시민사회 영역을 넘어 거버넌스의 중요성을 다시금 재인식시키고 있다. 기업지배구조 개선을 위한 이사회 독립성 및 다양성 강화, 노동자 대표가 경영에 참여할 수 있는 공공기관 노동이사제 도입, 이사 추천권 및 이사 구성과 관련한 공영방송의 정치 독립을 위한 「방송법」 개정안 등 거버넌스 이야기가 넘쳐나는 시대지만 막상 책임지는 사람, 책임지는 조직은 찾아보기 어렵다.

비영리단체는 회원들의 회비, 기부자들의 기부금, 정부 보조금, 기업들의 후원 등으로 운영되기 때문에 투명하고 책임 있는 조직 운영은 기본적인 책무이다. 어떤 기관들보다도 자신에게 더 엄격하고 철저해야 한다. 최근 몇 년간 미국 암 자선단체 4곳(미국암기금, 암지원서비스, 미국아동암기금, 유방암협회)의 기부금 유용, 논란의 여지가 있는 기부금을 익명으로 받은 MIT미디어랩, 구호 대가로 성매매를 요구한 영국 옥스팜 활동가들, 강제 모금을 했던 미르재단과 K스포츠재단, '어금니 아빠' 이영학의 후원금 유용, 기부금으로 요트 파티를 벌인 새희망씨앗의 윤○○ 회장, 회계부정 의혹을 받은 정의기억연대 사태(1심결과 사실상 무죄) 등 국내외 비영리단체의 윤리적 스캔들이 연달아 터졌다. 비영리 윤리적 스캔들의 피해는 해당 단체에만 국한되지 않고 비영리 전반에 영향을 끼쳐 비영리에 대한 사회적 신뢰는 줄어들고 정부 규제만 늘어나는 결과를 가져왔다.

그렇다면 사태가 이 지경이 되도록 거버넌스는 뭘 하고 있었던 걸까. 비영리단체에서 책무성의 주체는 조직의 최고 의사결정기구인 이사회(혹은 이에 준하는 기구)에 있다. 비영리단체에 대한 투명성과 책무성에 대한 요구가 커지면서 자기 통제적 기구이자 협치 기구로서 이사회의 역할이 더 중요하게 대두되었다. 비영리단체 이사회는 보드 Board(널판·병풍)가 아니라 거버닝 보드 Governing Board(총체적 책무를 부담하는 집단)로서 책임지는 거버넌스가 무엇인지 보여줘야 한다. 하지만 안타깝게도 많은 비영리 이사회는 자신의 역할과 책임이 무엇인지, 단체를 어떻게 지휘해야 하는지 제대로 알지 못한다.

거버넌스는 모든 조직의 아킬레스건이다. 일찍이 피터 드러커 Peter Drucker 는 모든 이사회에는 공통점이 있는데 제대로 작동하지 않는다는 점이라고 일침을 놓았다. 모든 이사회는 때때로 문제가 생긴다. 효과성이 높은 이사회는 문제를 해결하고 단체에 이바지하기 위해 노력하지만, 그렇지 못한 이사회는 문제 해결은커녕 역기능을 낳고 단체를 더 악화시킨다. 대부분의 이사회는 부와 사회적 명성, 풍부한 네트워크, 자신의 분야에 탁월한 전문성, 지식과 지혜, 거기에 선한 의도까지 있는 유능한 이사들로 채워져 있다. 그런 훌륭한 이사회가 제대로 기능을 하지 못한다면 거버넌스가 작동하는 방식에 문제가 있음이 분명하다.

나는 조직의 거버넌스를 개선하기 위해 고군분투하며 외로운 싸움을 하는 누군가의 시름을 조금이라도 덜어주고 싶은 마음에서 이 책을 썼다. 비영리단체의 투명성 및 책무성 강화를 명분으로 그들의 활동을 옥죄거나 자율성을 규제하여 힘을 빼는 근거로 활용되는 것을 원치 않는다. 그래서 이론적 논의보다는 책임지는 거버넌스, 위대한 이사회를 세우기 위한 실제적인 운영 방식을 다루는 데 중점을 두었다. 이 책에는 정부·공공기관, 비영리단체의 이사회, 위원회 등에 직접 참여하여 겪은 거버넌스 경험과 연구, 컨설팅, 교육 등을 통해 접한 현장의 생생한 목소리가 담겨 있다. 이 책을 통해 거버넌스를 점검하고 혁신하고자 하는 조직들(사단·재단법인, 공익법인, 사회복지법인, 협동조합, 자원봉사기관, 비영리민간단체, 공공기관 등), **효과적인** 이사회 운영을 모색하는 이사진, 경영진, 실무자들, 나아가 불확실한 미래 앞에서 위기관리 및 조직 운영을 고민하는 리더들이 자신만의 답을 찾기를 바란다. 그 답은 명쾌하면서 고통스러울 수 있다. 불편하더라도 이제 거버넌스에 대한 솔직한 얘기를 꺼내야 할 때이다.

차례

거버넌스 리더십

거버넌스 리더십

아무나 쓰고 아무도 모르는 거버넌스

바야흐로 거버넌스 열풍이다. 거버넌스는 오래전부터 사용되어 온 단어이나 '뭔가 새로운' 신조어처럼 사용되고 있다. 정부, 기업, 비영리 영역을 막론하고 사회 곳곳에서 거버넌스라는 단어가 회자되고 있으며, 글로벌 거버넌스, 민관 거버넌스, 산학협력 거버넌스, 바이오 거버넌스, IT 거버넌스 등 온갖 단어 뒤에 거버넌스를 갖다 붙여 사용하고 있다. 이렇게 쓰는 게 맞는지 다소 의아하기도 하고, 때로는 억지스럽게 느껴지기도 한다. 비판적 정치경제학의 대가 밥 제솝 Bob Jessop 의 말처럼 거버넌스가 모든 것을 의미한다면 거버넌스는 아무것도 설명하지 못하게 된다.

거버넌스가 지금처럼 사회적으로 광범위하게 회자되는 것은 결국 거버넌스가 제대로 작동하지 않음에 대한 반증이자 좋은 거버넌스가 무엇인지에 관한 관심의 표현이다. 1990년대 이전까지 거버넌스는 정치학에서 사용되던 용어로서 명확한 정의가 없는 개념이었다. 명확하게 합의된 정의나 기준이 없는 것이 문제라기보다는 거버넌스 개념 자체가 여러 주제를 포괄할 수 있는 유연성을 가진 것으로 볼 수 있다. 거버넌스는 사전에 기획한 시스템을 이식함으로써 구축되는 것이 아니라 소통과 협의라는 정치과정을 통해 만들어지기 때문이다(R. van der Hoeven, 2001).[1]

거버넌스 개념은 리더십이라는 용어만큼이나 정의하기 어렵다. 거버넌스는 학술용어나 신조어가 아니기 때문에 사용하는 사람에 따라 다르게 정의된다. 거버넌스란 사전에는 '통치, 관리, 또는 통치(관리) 방식'이라고 되어 있고, '지배구조', '협치' 등으로 풀이해 놓은 곳도 있다. 국제표준화기구는 거버넌스를 '조직의 목표를 추구하는 데 의사결정을 내리고 그 의사결정을 실행하는 시스템'이라고 정의한다. 보편적으로 '공동체를 이루는 구성원들이 의사결정에 참여하여 중요한 사항을 집단으로 결정하는 체계'라고 정리해볼 수 있다. 핵심은 소수의 사람이 독단적으로 결정하지 않고, 권한을 나눠서 가급적 많은 사람이 참여해 집단의 문제를 민주적으로 결정하고 협력적으로 해결한다는 것이다.

거버넌스는 조직의 의사결정이 이루어지는 구조와 과정을 포괄하는 일련의 체계로 성공적인 조직의 고유한 특성을 구성하는 핵심 요소이기도 하다. 거버넌스는 조직의 최상위에서 의사결정, 리더십, 책임, 통제 및 행동을 위한 구조 및 프로세스와 관련이 있고, 조직의 목표를 설정하고 달성하는 방법, 위험을 모니터링하고 해결하는 방법, 성과를 최적화하는 방법에 영향을 미친다. 잘 구조화된 체계를 갖춘 거버넌스가 조직 전체에 적용될 때 조직은 공정하고 투명하게 운영·관리되며, 이사회, 경영진, 사무국은 더 책임 있는 행동을 하게 된다.

거버넌스는 사회적 구조물이라서 매우 유연한 개념이다. 똑같은 거버넌스이지만 맥락에 따라 거버넌스가 사뭇 다르게 이해되고 광범위하게 사용된다. 정부·공공기관에서는 '민관협력', '협치'로 이해되고, 기업에서는 '기업지배구조'를 의미하며, 비영리단체에서 얘기할 때는 효과적인 이사회 운영, 이사회의 거버넌스 리더십에 대한 것으로 통용된다.

정부·공공기관의 거버넌스 : 협력적 거버넌스 Collaborative Governance

정부는 행정혁신으로서 계층제적인 명령과 통제에서 벗어나 사회문제 해결 및 공공가치를 창조해가는 사회적 조정 방식으로 정부, 기업, 시민사회와의 협치, 협력적 거버넌스를 얘기하고 있다.[2] 협치 協治라는 단어가 맞을 협協, 다스릴 치治, 함께 다스린다는 뜻이다. 정부는 기업이나 비영리단체처럼 이사회라는 의사결정기구가 있는 게 아니기 때문에 좋은 거버넌스를 만드는 방법은 다양한 이해관계자들이 참여하여 함께 협력해서 정책을 만들고, 실행하고 평가하는 구조를 만드는 것이다. 즉, 과거의 일방적인 정부 주도적 경향에서 벗어나 정부, 기업, 시민사회 등 다양한 행위자가 공동의 관심사에 대한 네트워크를 구축하여 문제를 해결하는 새로운 운영 방식을 말한다.

행정에서 거버넌스가 강조되는 것은 사회문제 해결의 가장 효과적인 방법이 정부의 강제력과 직접적 개입이라는 오랜 고정관념에 대한 근본적인 인식의 변화라고 할 수 있다. 사회문제가 갈수록 까다롭고 복잡해지면서 사회문제의 가장 효과적인 해결자가 행정이라는 견고한 믿음이 깨지고 다양한 주체들과의 협력이 요구되고 있다. 엘리노어 오스트롬 Elinor Ostrom 은 그의 저서 『공유의 비극을 넘어 Governing the Commons』에서 거버넌스의 핵심은 사람을 통치하거나 관리하는 것이 아니라 '문제를 해결하는 것'이라고 말한다. 거버넌스는 공유재 문제를 해결하기 위해서 요구되는 여러 가지 집합행동의 문제를 잘 관리하고 조직화해서 공유재 문제를 해결하는 것이며, 이때 정부의 간섭보다 공유재를 함께 사용하는 보통 사람들이 스스로 자발적 협력을 통해 문제를 해결하는 것이다.

기업, ESG의 거버넌스 : 기업지배구조 Corporate Governance

ESG는 '환경 Environmental', '사회 Social', '지배구조 Governance'의 영어 단어 첫 글자를 딴 용어로, 2004년 UN 보고서에서 처음 사용되었다. 기업지배 구조는 최고경영자, 이사회, 주주총회 등이 기업 목적을 달성할 수 있도록 의사결정을 내리는 구조를 말한다. 기업이라는 경제활동의 단위를 둘러싼 여러 이해관계자들 간의 관계를 조정하는 메커니즘이며, 경영자원의 조달과 운용 및 수익분배 등에 대한 의사결정 과정과 이에 대한 감시 기능을 뜻한다. ESG의 G(거버넌스)는 통상 기업지배구조로 이해되지만 사실 굉장히 광범위하다. 이사회 운영부터 투명성 및 정보공개, 경영진 보상, 주주 관리가 다 포함된다고 할 수 있다.[3]

일반적으로 기업은 주식회사 형태로 되어 있는데, 규모가 큰 기업들은 소유와 경영이 분리되어 있다. 전문경영 체제의 경우 전문경영인의 임기가 3~5년으로 짧아서 단기적 이익만 추구하거나 아무것도 하지 않아 복지부동하는 대리인 문제가 발생해 주주의 이익이 침해될 수 있다. 하지만 우리나라에서는 소유경영 체제로 인한 대주주의 사적 이익 추구 문제가 더 심각하다. 전문경영인이 별도로 있지만 대주주인 오너가 전문경영인의 의사결정을 쥐락펴락하는 경우가 많다. 재벌 총수가 그리 많지 않은 지분을 여러 계열사에 나눠 보유하면서 그룹 내 계열사들을 연결해 그룹 전체를 장악하는 상호출자, 순환출자의 문제, 상속과 가업승계를 둘러싼 편법과 불법(배임과 횡령), 일감 몰아주기, 계열사 지원, 총수 일가의 사적 이익 추구 등 우리나라 기업지배구조의 고질적인 문제들이다.

주식회사의 가장 대표적이고 핵심적인 기업지배구조는 이사회이다. 이사회는 주주를 대신해 최고경영자의 의사결정이 주주의 이익에 합치하는지를 감시하고, 그러한 의사결정을 승인하는 역할을 한다. 그런데 주주들이 뽑은 이사들이 전체 주주에게 신의·성실 의무를 다하지 않고, 회사를 위해 최선을 다하면 된다는 명분으로 견제는커녕 대주주의 전횡을 눈감아주며 잘못된 의사결정에 아무런 책임도 지지 않는 '식물 이사회'가 되어 버렸다. 기업 지배구조를 개선하기 위해서는 회계정보의 신뢰성과 투명성은 기본이고, 대주주의 독점적 경영권을 제한하고, 사외이사의 경영진 감시, 견제 기능을 강화하며, 소액주주의 권리를 강화해야 한다. 기업 이사회가 제대로 기능해서 건전하고 투명한 거버넌스를 만들어야 글로벌 경쟁력을 확보할 수 있다.

비영리에서의 거버넌스 : 리더십으로서 거버넌스 Governance as Leadership

영리를 추구하지 않고 공익적 목적을 위해 활동하는 비영리단체들은 거버넌스를 지칭할 때 '지배구조'라는 단어를 거의 사용하지 않고, '민주적 의사결정 구조'라는 용어를 더 선호한다. 지배구조는 1960년대 미국에서 기업의 비윤리적, 비인도적 행동을 억제한다는 의미의 문맥에서 시작되었고, 주주를 대신해 회사를 운영하는 경영자로 인해 발생하는 대리인 비용을 최소화하기 위한 경영통제에 관한 시스템을 의미한다. 지배구조라는 어휘에 함축된 '억제', '통제', '감시' 등의 부정적 의미는 '참여', '권한 공유', '자율성', '다양성' 등의 가치를 추구하는 비영리단체들의 조직 운영원리와 거리감이 있어 다소 불편하고 어색하다.

비영리단체에서 '민주적 의사결정 구조'라는 용어로 사용할 때는 논점이 크게 2가지로 나뉜다. 한 축은 미시적 차원에서 조직문화와 관련된 의사결정 구조를 의미한다. 새롭게 유입되는 젊은 활동가들이 기대했던 것과 달리 비영리단체에 나타나는 권위적이고 위계적인 조직문화, 소통과 협업이 안 되는 구조, 위에서 내리꽂거나 실무자의 의견이 반영이 안 되는 등 비민주적인 의사결정구조를 문제점으로 지적하고 있고, 이것은 활동가의 지속가능성을 위협하는 요인으로 꼽히고 있다.

다른 한 축은 거시적 차원에서 의사결정이 이루어지는 구조와 과정을 포괄하는 일련의 체계, 거버넌스에 대한 것이다. 이것은 비영리에서 의사결정의 핵심기구인 이사회 거버넌스를 중심으로 논의된다. 비영리 거버넌스는 책무성을 달성하기 위해 이사회, 대표, 실무진이 리더십을 공유하는 과정으로 '리더십으로서 거버넌스'에 초점을 둔다. 비영리조직은 법적 성격에 따라 조금씩 다를 수 있지만 일반적으로 이사회, 위원회, 총회 등이 주요한 의사결정기구이고, 법인의 경우 이사회가 여러 이해관계자를 대변하여 수탁책임을 가지고 조직의 의사결정 역할을 수행한다. 이 책에서는 후자인 거시적 차원의 의사결정구조 의미에서 비영리 거버넌스에 접근하고 있다. 물론 두 가지 논점은 완전히 별개의 것은 아니고 서로 교차점들이 있으며 함께 풀어가야 하는 과제이기도 하다.

비영리 G는 안녕한가요?

거버넌스 열풍의 중심에 ESG가 있다. 최근 ESG는 새로운 투자 기준으로 자리 잡았다. 투자자들이 기업의 재무적 정보 이외에 ESG 같은 비재무적 정보를 투자 판단의 근거로 삼기 시작하면서 급격히 확산하였다. 글로벌 ESG 투자는 2012년 13조 2,000억 달러에서 2020년 6월 40조 5,000억 달러까지 약 세 배 규모로 성장했다(GSIA, OPIMAS).[4] 미국의 금리 인상 움직임으로 전 세계 증시가 얼어붙었지만, ESG 투자는 여전히 증가세를 보인다. 블룸버그 인텔리전스[BI]는 2022년 발표한 보고서에서 세계의 ESG 자산이 2025년 50조 달러를 넘어설 것으로 내다봤다. 세계에서 가장 규모가 큰 투자기관인 블랙록의 래리 핑크 Larry Fink 회장이 지속가능성을 모든 투자 방식의 중심에 둘 것이며, 기후변화 대응에 진전이 없는 기업들의 경우 이사회 교체 건의 등에 의결권을 행사할 것이라고까지 공언했다. 특히, 주주 관여 계획에 있어 한국기업은 중요한 의사결정이 이사회에서 결의되는 이사회 중심의 경영을 하고 있어 이 부분을 주시해서 확인하겠다고 언급했다.

2023년 들어 "ESG 펀드의 그린워싱 우려로 자금이 많이 빠졌다, ESG는 한물갔다."는 얘기도 나오고 있다. 스트라티가스 시큐리티 Strategas Securities 의 ETF 전략가인 토드 손 Todd Son 은 블룸버그에 "ESG 붐은 끝났다. ESG를 구성하는 요소에 대한 정의된 기준이나 구조가 없고, 일반적인 미국 주식지수와 대체로 동일한 결과를 얻을 뿐이다."라고 말했다. 미국에서는 ESG 붐으로 경기침체에 빠질 것에 대한 우려와 '오크 자본주의 Woke Capitalism (깨어있는 척 하는 자본주의)'를 비롯한 안티ESG에 대한 정치적 반발까지 있는 상황이라 ESG가 저물어가는 것처럼 보이기도 한다. 하지만 공시의 무화, 온실가스 감축, 플라스틱 등 법적 규제들은 늘어나고 있고, 청정에너지와 저탄소에 포커스를 맞춘 새로운 ESG펀드와 인적자본 및 기업문화에 기반을 둔 ETF 등이 새로이 출시되고 있다.[5] ESG를 둘러싼 정치적 갈등에 급기야 핑크 회장은 2023년 6월 25일(현지시간) '아스펜 아이디어 페스티벌 Aspen Ideas Festival' 행사에 참석해 ESG라는 용어를 쓰지 않겠다고 선언하며 불편한 심기를 드러냈지만, 투자 전략과 기업 경영진 평가에서 기후변화 위험을 반영해야 한다는 기조에는 변함이 없다. 블랙록은 2030년까지 전체 투자의 4분의 3 이상을 온실가스 순배출량 감축을 위한 과학적 목표를 세운 유가증권 발행사에 투자하기로 했다. 기업들은 위기관리 차원에서라도 ESG를 신경쓰지 않을 수 없고, 무엇보다 ESG는 유행이나 트렌드가 아니라 일상의 경영활동이자 기업시민으로서 당연히 지켜야 할 의무와 책임이기도 하다.

국내 기업들이 ESG 경영에 열을 올리고 있는 가운데 E(경제)와 S(사회)만 보이고 G(거버넌스)는 유독 뒤로 빠져 있다. 세계경제포럼 WEF 은 ESG의 4개 축인 거버넌스, 지구, 사람, 번영 중 거버넌스를 첫 번째로 꼽는다. OECD 는 좋은 지배구조는 시장의 신뢰와 기업의 완결성을 얻기 위한 필수적 수단이라고 밝혔다. 스탠더드앤드푸어스 S&P 의 ESG 평가(2021) 결과를 보면, 국내 대기업들은 다른 글로벌 기업들과 비교할 때 ESG 전체 총점은 결코 뒤처지지 않으나 E와 S에 비해 거버넌스 점수가 상대적으로 낮다. 삼성전자는 총점 43점에 거버넌스 23점, 현대차는 총점 70점에 거버넌스 66점, SK 하이닉스는 총점 76점에 거버넌스 71점이다.[6] ESG에 있어 가장 중요하고 어려운 요소가 바로 거버넌스다. 우리나라 기업들의 가장 취약한 부분이자 코리아 디스카운트의 원인이기도 하다. 이사회 의장과 대표이사의 분리나 거수기 노릇을 하는 이사회 개혁 같은 경영 투명성을 높이려는 근본적 대책이 뒤따르지 않는다면 국내 기업들의 ESG 노력은 투자자들에게 제대로 인정받지 못할 것이다.

그렇다면 국가와 시장 권력에 대한 견제와 비판을 하는 비영리 G(거버넌스)는 투명하고 건전한가. 리처드 채이트 Richard P. Chait 와 동료들은 『거버넌스 리더십 Governance as Leadership』에서 "비영리 기관이 온갖 수단을 다 동원하여 최고의 총명한 이사들을 선임하면서도 어떻게 해서 그 불굴의 용사들을 일에 열중하게 하기보다는 손을 떼게 만들어, 지적 활기는커녕 무기력한 환경 속에서 집단적으로 빈둥거리게 만드는 것인가?"라고 비영리 이사회의 문제점을 비판하였다.

국내 비영리단체들은 외부적으로 사회적 영향력이 감소하고, 내부적으로 단체와 개인의 지속가능성과 씨름하며 조직 운영의 어려움으로 막상 거버넌스 문제를 잘 챙기지 못하고 있다. 최근 몇 년간 발생한 국내외 비영리 윤리적 스캔들과, 사회적 파장이 컸지만 사실상 무죄판결이 난 '정의기억연대 사태' 등 대표적인 사례들을 들여다보자.

옥스팜 스캔들

세계적으로 비영리단체 활동에 가장 큰 충격을 던진 사건은 2018년 발생한 옥스팜 스캔들이다. 영국의 국제구호단체인 옥스팜은 아이티에서 발생한 지진피해 구호 활동 중 활동가들이 구호를 대가로 성매매를 요구하거나 학대를 일삼았다고 한다. 특히, 아이티사무소 소장 롤란드반 하우어 마이런 Roland Van Hauwermeiren 은 아프리카 차드에서도 성매매 의혹이 제기됐던 인물로, 윗선에서도 이러한 사실을 알면서 아이티 소장에 다시 임명한 것이다.

후폭풍은 매우 거셌다. 스캔들 보도 이후 열흘 만에 기부자 7,000명이 정기 기부를 취소했고, 영국과 스웨덴 정부, 기업들이 일제히 자금 지원을 중단했으며, 옥스팜은 자선위원회 Charity Commission 로부터 공식적인 경고조치를 받았다. 정부 보조금 2,000만 파운드의 지원을 받을 수 없을 뿐 아니라 새로운 기금모금도 제한되었다. 옥스팜은 매년 1,400만 파운드의 예산이 감소하고 있고, 구호 프로그램 예산뿐 아니라 활동가 지원에 관한 예산 1,600만 파운드도 삭감되는 위기에 직면해 있다.

사건 발생 후 이루어진 조사에 따르면 영국 NGO에 대한 신뢰 수준이 글로벌 수준과 비교했을 때 격차가 커지는 것으로 나타났고, 국가 전체 공적 기부 Public Donation 가 감소하는 것으로 나타났다. 옥스팜 스캔들을 비영리 전반의 신뢰로 연결짓는 건 과도하다는 목소리도 있지만, 옥스팜 내부의 조직운영과 거버넌스에 문제가 있었던 것은 자명하고 여타의 비영리단체들도 이러한 문제에서 완전히 자유로울 곳은 없을 것이다.

제프리 엡스타인과 MIT미디어랩 스캔들

2019년 미국을 뜨겁게 달군 사건이 있는데 미성년자 인신매매 혐의로 수감되었다가 2019년 감옥에서 자살한 제프리 엡스타인 Jeffrey Epstein 스캔들이다. 엡스타인은 미국의 자수성가한 억만장자 금융인이고 재산이 무려 5억 달러에 이른다고 알려져 있다. 트럼프와 절친이고, 클린턴 부부, 영국 앤드류 왕자 등 전 세계 정재계 인사들과 친분이 두텁다고 한다. 그런데 미국을 뒤흔든 제프리 엡스타인 스캔들에 갑자기 매사추세츠공과대학교 MIT 가 등장한다.

미국 최고의 명문대학인 MIT, 그중에서도 세계 최고 미디어 융합기술 연구소로 꼽히는 MIT미디어랩이 엡스타인으로부터 170만 달러의 기부금을 받았다는 것이다. 돈의 성격을 제대로 따져보지 않고 기부금을 받은 것에 대한 도덕적 논란이 있을 수 있지만 기부금을 받는 것 자체가 무조건 잘못은 아니다. 문제는 엡스타인으로부터 받은 기부금 중 120만 달러는 미디어랩 외 투자 펀드와 관련해 지원이 이뤄졌고, 미디어랩 소장 이토 조이치 Itou Jouichi 는 기부금을 익명으로 처리하라는 지시를 내린 것이 확인되면서 논란이 되었다. 논란이 확산하자 결국 이토 소장은 홈페이지에 사과문을 게시하고 소장직에서 사임했으며, 맥아더재단, 나이트재단, NYT이사회 임원직도 모두 포기했다고 한다.

기부금을 받은 대학이 기부자를 인정하지 않는 의도적 행동은 다분히 윤리성의 결여로 보인다. 더 충격적인 것은 이후 인터뷰에서 MIT미디어랩 기금담당자 시그니 스웬슨 Signe Swenson 은 엡스타인이 기부자로 부적격하다는 것을 인정했고, 기부금을 유치하는 것이 자신의 일이어서 기부금을 숨겼다고 말했다. 기금모금가의 윤리의식이 부족한 것도, 최고경영자의 비윤리적 행동도 심각하지만 이를 감시하고 견제할 내부의 장치가 없었다는 것이 더 큰 문제이다.

정의기억연대 사태

2018년 옥스팜 스캔들, 2019년 MIT 스캔들에 이어 국내에서는 2020년 정의기억연대(이하 정의연) 사태가 발생했다. 정의연은 일본군 위안부 문제를 집중적으로 다루어 오던 단체로 이번에는 내부고발이 아니라 당사자 할머니의 문제 제기로 시작되었다. 2020년 5월 7일 이용수 할머니는 기자회견을 통해 "기금을 할머니들에게 쓴 적이 없다, 기부금을 부정하게 사용했다."라고 폭로했고, 이에 정의연은 "문제없다.", "영수증과 증빙서류로 증명하겠다."라고 응수하면서 '국세청 공시자료'에 온 국민의 관심이 집중되었다. 정의연의 국세청 공시 지출 내역이 언론에 의해 낱낱이 파헤쳐지고 적법성을 따져 묻기 시작하면서 의혹은 일파만파로 커졌고 비영리단체 투명성 논란으로 확산하였다.

정의연의 서식 작성에 있어 일부 오류가 있었고 기부금 투명성에도 문제가 있지만 국세청 공시자료를 두고 따지는 것에도 한계가 있다. 국세청 공시자료는 구조적 문제점을 가진다. 먼저, 주무부서와 관련법이 다르다

보니 보조금이나 물품 기부금액이 포함되기도 하고 빠지기도 하는 등 양식마다 총액이 달라 기부금 총액에도 차이가 있을 수 있다. 또한, 매년 꾸준히 모금과 배분을 하는 대형 배분 기관 중심으로 서식이 만들어져서 작은 단체들이 이에 맞게 공시자료를 작성하기에 어려움이 크다. 모금은 하지만 배분 사업을 하지 않는 경우 배분 비용 없이 옹호 활동, 연구, 교육 등 기타비용으로 처리되는 사업들을 하는 단체들도 많다. 이럴 때 사업의 수혜자를 명확히 지정하거나 셀 수 없는 경우가 생긴다. 이에 따라 수혜자의 불특정성 혹은 개인정보보호 차원에서 수혜자 이름을 일일이 명시하지 않고 임의의 숫자 99명 혹은 999명 등으로 표기하는데 이것을 투명하지 않다고 비판하는 것이다.[7]

정의연이 한 주점에서 치른 행사에서 3,300만 원을 지출한 내역은 한 해 모금사업비 지출을 모두 합한 것이고 대표 거래처 하나만 기재한 것인데 술집에서 하루에만 3,000만 원을 지출했다는 식의 보도도 있었다. 거기에 "회계처리가 엉망"이라는 악의적인 언론보도까지 더해져 정의연 입장에서는 매우 억울했을 것이다. 하지만 사건 당시 기부금 모집도 잘 되고 중간 이상의 규모(2019년 금융자산 총 22억 9,400여만 원. 이 중 기부금 수입을 포함한 사업수익만 13억 6,347만 원)를 유지하고 있던 정의연이 논란의 소지를 제공한 측면도 있다. 정관에 명시된 공익적 목적에 맞게 돈을 사용했는지, 기부금 모집과 관리에서 법적, 도덕적 결함은 없었는지, 자료의 기록과 보관 그리고 외부 검증이 철저하게 이루어졌는지 등 원칙과 근거를 가지고 납득할 수 있게 충분히 소명했어야 한다.

이후 2020년 9월 14일 윤미향 의원은 「보조금 관리에 관한 법률(이하 「보조금관리법」)」 위반, 사기, 「기부금품의 모집 및 사용에 관한 법률(이하 「기부금품법」)」 위반, 업무상 횡령·배임, 「공중위생관리법」 위반 등 8개 혐의가 적용되어 불구속 기소되었다. 더 놀라웠던 일은 정의연 이사 A 씨 역시 「보조금관리법」 위반, 「지방재정법」 위반, 사기, 「기부금품법」 위반, 업무상 배임, 「공중위생관리법」 위반 등 혐의로 함께 재판에 넘겨졌다는 것이다. 등기하지 않은 비등기이사는 이사회 권한과 상관없지만, 등기이사는 일정한 의무와 책임이 부과된다. 법령 그리고 정관 규정에 따라 충실히 직무를 수행해야 하는 '선량한 관리자의 주의의무 Reasonable Standard of Care'를 가지며, 의무를 해태하게 되면 해임뿐만 아니라 연대책임도 져야 한다. 비영리단체들은 이사회의 법적 책임이 문서상에 기재된 형식적 선언이 아니라 실제로 적용되는 것을 직접 목격하게 되었다.

정의연 사태는 비영리단체 전반의 투명성과 신뢰성에 치명타를 안겨준 사건이다. 옥스팜 스캔들 못지않게 정의연 사태의 후폭풍도 거셌는데, 국민의 기부 불감증이 높아졌고 시민단체에 대한 신뢰도도 하락했다. 한국행정연구원의 사회통합실태조사에 의하면 2020년 정의연 사태를 반영하면서 시민단체 신뢰도가 역대 최하위 순위로 떨어졌다. 2013년 5위, 2014년 4위, 2015년 5위, 2016년 4위, 2017년 4위, 2018년 8위, 2019년 6위, 2020년 8위, 2021년 11위까지 하락했다. 2021년도 기관 신뢰도 순위를 자세히 보면 1위 의료계(72.2%), 2위 교육계(69.1%), 3위 금융기관(66.2%) 등 순으로 높게 나타나며, 시민단체가 11위(53.4%)인데 이는 대기업(5위, 56.7%), 군대(6위, 56%), TV 방송사(8위, 55.3%)보다 낮은 것이다.

2년여간의 법적 다툼 끝에 2023년 2월 10일 법원은 1심 재판에서 윤미향 의원에게 8개 혐의 중 7개를 무죄로 판단하고 벌금 1,500만 원을 선고했다. 사실상 무죄판결이 나면서 시민사회는 안도하는 분위기다. 하지만 비영리단체에 대한 사회적 신뢰가 쉽사리 회복되기는 어려워 보인다. 세간을 떠들썩하게 했던 정의연 사태의 결론을 제대로 아는 국민이 얼마나 될

까. 정의연에 대한 각종 의혹 제기에 적극적으로 나섰던 언론들은 1심 재판 결과를 비중있게 다루지 않거나, "납득하기 어려운 판결"이라며 수긍하지 않는 모습까지 보였다. 가장 문제가 되었던 회계부정 의혹은 검찰 수사에서 무혐의 처분으로 결론이 났으며, 감독관청 보고나 공시에 부실이 지적됐을 뿐이다. 그럼에도, 보도 사태가 내부의 균열에서 시작됐다는 점에 대해서는 정의연 내부의 반성과 성찰이 분명 필요하다. 사태 발생 후 정의연 성찰과비전위원회는 국가와 지방 보조금·지원금을 받지 않고 시민 후원을 바탕으로 독립적인 재정 구조를 마련하고, 이사회 중심의 의사결정 시스템을 구축하자는 '혁신안'을 발표한 바 있다. 사업내용과 규모에 맞는 조직 체계를 갖추고 대표 개인의 역량에만 기대는 체제가 아니라 이사회를 중심으로 한 조직 운영 시스템을 마련하겠다는 것이다. '공익을 위해 일한다.'라는 선한 의도만으로 충분치 않다는 것을 혹독하게 배웠다.

비영리 스캔들 교훈

비영리 스캔들은 단순히 해당 단체에만 영향을 끼치지 않는다. 비영리 생태계 전체의 리스크로 퍼져 사회적 파장이 매우 크다. 재벌 총수와 고위 경영자들의 업무상 횡령·배임, 차명계좌, 법인카드 사적 유용, 불법 내부거래, 조세 포탈, 주가조작, 회계 조작 등 기업 범죄가 발생하면 해당 기업이나 개인에게 법적, 도덕적 책임이 가해지고 이에 따른 피해가 발생한다. 그런데 유독 비영리단체에 대해서는 개별화해서 평가하지 않고 세상의 모든 비영리단체가 기부자들의 후원금을 유용하는 것처럼 집단으로 싸잡아 매도하는 경향이 강하게 나타난다. 비영리단체들이 국가 보조금이나 기업 후원금, 기부금이라는 공적자금으로 운영되는 만큼 다른 기관들보다 책임 있고 투명하게 운영해 줄 것에 대한 도덕적 기대감이 더 크기 때문이다. 결국 비영리 윤리적 스캔들은 비영리에 대한 사회적 신뢰는 무너뜨리고, 국세청 및 지방자치단체와 같은 관리기관의 관리부실로 발생한 일이라며 법과 제도를 통한 외부 규제만 강화하는 결과를 낳는다.

영국은 비영리단체를 감독하는 정부 기관으로 '자선위원회 Charity Commission'를 두고 있다. 자선위원회는 옥스팜 스캔들을 비롯해 다양한 시민단체의 활동을 감독하고 위법행위에 대한 추가 조치를 권고하는 역할을 맡고 있다. 미국은 기부활동이 세제 혜택과 연동되는 만큼 국세청이 설립 신고를 받고 비영리단체를 관리한다. 거대 사건의 경우 연방거래위원회 FTC, Federal Trade Commission(독과점과 불공정거래를 규제하는 미국의 대표적인 경쟁 규제기관)가 직접 개입하기도 한다. 2015년 2,000억 원이 넘는 암 환자 돕기 성금을 운영자와 직원들이 가로챈 사건이 발생했다. 미국암기금, 암지원서비스, 미국아동암기금, 유방암협회 등 4개 암 관련 자선단체들이 사기 혐의로 제소됐고 이때 연방거래위원회가 50개 주 정부와 공동소송을 진행한 바 있다.

하지만 비영리단체가 사회적 신뢰를 얻기 위해서는 외부 규제보다 내부의 자율 규제가 더 중요하다. 영국 옥스팜은 사건 이후 국제구호단체들과 함께 내부 감사와 모니터링, 내부고발, 고충 처리 등을 담당하는 '세이프가드 Safeguarding'팀 지원을 늘리겠다는 공동 협약문을 발표하기도 했다. 국내에서도 정의연 사태를 계기로 시민단체 신뢰도가 낮아지는 것에 대한 시민사회 내부의 반성과 자성의 목소리도 많이 나오게 되었고, 단체의 투명성과 책무성에 대한 인식 개선 및 교육의 필요성에 대한 논의들이 공론화되었다. 비영리단체의 거버넌스는 외부 규제보다 비영리 스스로 자기 점검과 개선의 노력으로 이루어져야 한다. 책임지는 거버넌스가 무엇인지 먼저 보여줘야 한다.

비영리 책무성과 거버넌스

투명성과 책무성

국내외 비영리 스캔들은 비영리단체의 투명성과 직접적으로 관련되어 있고, 투명성은 일반적으로 기부금 사용, 재정 운영 등 '회계정보의 공개와 보고'에 초점을 두고 있다. 하지만 규정에 따라 공개하고 보고하면 충분한가 생각할 필요가 있다. 옥스팜에서는 경영진에 여러 차례 내부고발을 했지만 윗선에서 심각하게 받아들이지 않았고, MIT미디어랩에서는 기부자를 익명으로 처리하라는 지시에 직원들의 반발이 상당했음에도 묵살 당했다. 규정은 없는 것보다는 있는 것이 낫고 잘 지켜지는 것이 좋지만 규정이 조직 운영에 실제 적용되는가가 관건이다. 투명성은 정보에 대한 투명성뿐만 아니라 의사결정 과정의 투명성으로 논의가 확대되어야 한다.

투명성은 밖에서 안을 들여다볼 수 있는 조건이나 상태를 의미한다. 한마디로 개방성이다. 하지만 세상 어느 곳에도 조직 내부를 유리알처럼 투명하게 보여줄 수 있는 조직은 없다. 될 수 있는 한 이해관계자들이 정보에 최대한 자유롭게 접근할 수 있도록 해줘야 한다는 의미이다. 투명하게 운영되는 단체는 작업, 운영 및 프로세스에 대한 정보와 개방적이고 접근 가능하며 시의적절한 방식으로 학습 내용을 제공하는 조직이다. 미국 파운데이션 센터(현 Candid)는 재단들이 더 높은 수준의 투명성을 달성할 수 있도록 투명성 도구 'GlassPocket'을 제공하고 있다. 여기에서는 투명성을 사회변화의 촉매제로 정보나 과정을 공유하는 것뿐 아니라 다양한 이해관계자와 적극적으로 상호작용하면서 책무성을 확대하는 수단으로 보고 있다. 따라서 투명성은 책무성과 떼어놓고 논의할 수 없다.

민주성과 책무성

투명성과 책무성이 있는 거버넌스가 되려면 민주성이 전제되어야 한다. 민주성은 다양한 이해관계자 참여를 통한 의사결정에 따른 조직운영과 내부규정 마련 등의 노력을 의미한다. 민주주의의 가치를 수호하는 비영리단체에 민주적 의사결정구조는 조직 운영 방식의 기본 원리이기도 하다. 민주성은 단지 이해관계자가 참여했다는 것에 초점이 있는 것이 아니라, 합리적으로 이견이 조율되고 합의되는 과정과 실제 구성원의 의사가 제대로 반영되었는지 결과에 방점이 있다.

형식적인 민주성이 되지 않으려면 참여 주체의 다양성, 평등한 관계성, 의사결정 개방성, 적극적인 상호작용이 이루어져야 한다. "의견을 말하면 불이익을 당할 것이고 가만히 있으면 본전은 건진다."라는 불신이 깔려 있다면 건설적인 대화가 불가능하고, 합리적인 결론에 도달하지 못할 것이다. 억압적 영향력을 배제하고 모두가 평등한 관계 속에서 원활한 소통과 협의를 할 수 있는 민주적 의사결정이 보장될 수 있도록 규정을 마련해야 한다. 규정은 일종의 나침반처럼 판단기준이 될 수 있다. 규정은 만들어 놓는다고 저절로 내재화되지 않는다. "세상은 저절로 좋아지지 않는다."

라는 역사학자 에릭 홉스봄 Eric Hobsbawm 의 말처럼 돈과 시간, 노력을 들여 규정이 잘 준수될 수 있도록 모니터링하고 촉진하는 노력을 해야 한다.

책임성과 책무성

책무성과 혼용하여 많이 쓰는 단어가 책임성이다. 책임성과 책무성을 섞어 쓴다고 누가 뭐라고 하지는 않지만, 책임소재의 주체가 누구인지를 엄밀히 따지려면 개념 구분이 필요하다. 예를 들어, 2022년 10월 29일 대한민국 서울 도심 한가운데서 어처구니없는 대참사가 발생했다. 이태원 해밀턴 호텔 서편의 좁은 골목에 할로윈 축제를 즐기려고 10만 명이 넘는 인파가 몰리면서 158명이 사망하는 압사 사고가 발생한 것이다. 사고 전날에도 경찰서에 신고가 많이 접수되는 등 징후가 여러 차례 있었으나 6호선 이태원역 지하철 무정차, 이태원로 및 보광로 일대 도로 통제 및 차 없는 거리 운영 등 사전 대책을 마련하지 않았다. 사고 당일에도 압사 사고 우려에 대한 신고·접수가 11건 이상 들어왔지만 관할 경찰서인 용산경찰서에서 이를 무시했으며, 용산경찰서가 상위기관인 서울경찰청에 기동대 지원을 요청했으나 일련의 사유로 거절당했다(이는 현재 사실 여부 확인 중). 사고 발생 후 합동분향소가 운영되고 윤석열 정부는 1주일간 국가 애도 기간을 지정하였다.

사고가 발생하면 진상 규명과 관련자 처벌 등 책임소재를 따지게 된다. 2022년 11월 23일 이태원 참사 진상 규명을 위한 국정조사를 실시하기로 여야가 합의했다. 과연 누구에게 책임이 있는 것인가. 한국갤럽의 여론조사 결과 70%의 국민은 '정부 수습과 대응이 적절하지 않다'라고 응답하였다. 하지만 정부와 지자체, 경찰은 "주최자 없는 행사는 관리할 매뉴얼이 없다."라고 밝혀 매뉴얼이 없어서 안전관리 의무도 없었다는 뜻을 밝혔다.

부실한 사전 대응과 참사 원인을 제도적 한계로 못 박았고 관련 기관들은 서로 책임 떠밀기에 바쁘다.

2023년 1월 17일 국정조사 특별위원회가 대통령실 등의 책임과 행정안전부 장관 파면 요구를 담은 결과보고서를 채택하고 활동을 종료했다. 여야 대립으로 원인 규명과 재발방지 대책 마련은 충분히 다뤄지지 못했고, 유가족협의회는 미완의 국정조사에 이은 독립적 진상조사 방안과 재발방지대책 마련을 거듭 촉구했다. 진상 규명은 미완의 마침표[8]로 끝나고 말았다.

더욱이 2023년 7월 26일 이상민 행정안전부 장관 탄핵심판 청구가 헌재 전원일치로 기각됐다. 헌재는 "재난 대응 과정에서 최적의 판단과 대응을 하지 못했다 하더라도, 재난 대응의 미흡함을 이유로 책임을 묻는 것은 탄핵심판 절차의 본질에 부합한다고 볼 수 없다."고 했다. 이에 유가족들은 "헌법재판소가 존재가치를 부정했다."며 반발했다. 탄핵은 기각됐지만 일부 재판관은 늑장대응과 부적절한 발언 등을 근거로 '국가 공무원법'상 성실 의무와 품위 유지 의무를 위반했다고 지적했다.[9] 국민의 생명과 안전을 지키기 위해 최선을 다하라고 책임을 부여한 것인데, 책임을 회피할 수 있는 면죄부까지 받게 되었다. 하지만 법률적 책임이 없더라도 정치적 책임, 도덕적 책임은 여전히 남아 있다. 참사로 인한 국민들의 상처를 보듬어주는 것이 국가가 해야 할 일이 아닌가.

책임責任은 맡아서 해야 할 임무나 의무를 말한다. 위법한 행동을 한 사람은 민사 혹은 형사상의 법적 책임을 받게 되지만, 위법까지는 아니더라도 임무나 의무를 소홀히 한 경우 일정한 불이익이나 제재를 받게 되고 도덕적 책임을 묻게 된다. 그래서 책임감責任感은 자신이 행사하는 모든 행동의 결과를 부담하는 것이고 이를 중요하게 여기는 마음을 뜻한다. 미국의 제33대 대통령이었던 해리 S. 트루먼 Harry S. Truman 의 책상 위 명패에 쓰인 "모든 책임은 내가 진다! The buck stops here!"는 글귀가 명언이 되어 회자하는 것도 책임감을 보이는 지도자들이 좀처럼 보이지 않기 때문이다. 이태원 참사와 관련하여 시민의 안전을 책임져야 할 기관들이 책임을 피하는 데 급급한 모습을 보이다가 여론의 비판이 계속되자 윤석열 대통령이 공식 회의석상에서 "국민께 미안하고 죄송한 마음"이라며 사과의 뜻을 밝혔고, 그제야 관련 기관들도 일제히 고개를 숙였다.

책임성은 '임무를 완수할 의무'로서 조직이나 팀 단위에서 임무, 과업을 기반으로 성립되는 개념이므로 책임소재도 임무를 소홀히 한 여러 명이 될 수 있다. 반면, 책무성은 '임무를 완수할 의무를 보장하는 의무'로 결과를 기반으로 성립되는 개념이고, 누군가에게 위임할 수 없으며, 최고 의사결정자 오직 한 사람에게만 할당된다. 책무성은 책임에 대한 책임, 상위의 책임이라고 할 수 있으며, 일의 결과와 행동에 대해 '설명해야 할 의무'라고 볼 수 있다. 시민의 안전을 지키지 못한 임무를 소홀히 한 관련 기관들은 분명 법적, 도덕적 책임을 져야 할 것이며, 이들이 제대로 책임을 수행하지 못한 것에 대한 책임에 대해 최고 의사결정자가 설명해야 할 책무를 가진다고 볼 수 있다.

❖ 책임성과 책무성

책임성(Responsibility)	책무성(Accountability)
임무를 완수할 의무	임무 완수를 보장할 의무
팀 간에 공유 가능	한 사람에게만 할당
과업 중심(Task-focused)	결과 중심(Results-focused)
위임 가능	위임 불가

책무성과 거버넌스

비영리에서 책무성은 최고 의사결정기구인 이사회에 있다. 사단법인의 경우 최고 의사결정기구는 사원총회이지만 실질적으로는 이사회 혹은 이에 준하는 의사결정기구가 그 역할을 맡게 된다. 비영리는 국내 재벌기업들처럼 오너십 Ownership 을 가졌거나 경영권을 행사하는 지배주주가 없고, 회원, 활동가, 기부자, 자원봉사자 등 모든 이해관계자가 다 주인이 될 수 있는 조직이지만 법적 책임을 물을 수 있는 주체는 아니다. 조직 운영에 대한 최종책임은 의사결정기구인 이사회에 있고, 법적 책임은 이사회 내에서도 등기이사만이 질 수 있다. 이사회 이사들은 돌봄, 준수, 충성의 의무를 진다. 돌봄의 의무 Duty of Care 는 단체의 청지기로서 합리적인 의사결정을 할 책임을 의미하며, 준수의 의무 Duty of Obedience 는 단체의 사명에 충실하고 중앙·지방정부의 법규를 따를 의무를 말한다. 충성의 의무 Duty of Loyalty 는 개인의 이득을 위해서 이사의 지위나 정보를 사용하지 말아야 하며, 단체의 이익을 위해 최선의 노력을 다해야 함을 의미한다.

비영리 책무성은 이해관계자들에게 사업수행의 결정 과정을 좀 더 분명하고 쉽게 이해할 수 있도록 공유하는 과정과 소통을 뜻하며, 일반적으로 사명, 성과, 재정, 거버넌스에 대한 책무를 포괄한다. 그렇다면, 이사회는 이러한 범주 모두에 대해 책무를 가진다고 볼 수 있다. 기업의 이사회는 대리인 문제를 축소하기 위한 대표적인 거버넌스 메커니즘으로서 경영진에 대한 견제와 감시기능이 가장 중요하나, 비영리 이사회는 단체가 민주적이고 투명하며 건전하게 잘 운영될 수 있도록 살펴서 사명을 달성하도록 하는 것이 중요하다. 책무성의 중심에는 거버넌스가 존재하며, 거버넌스는 모든 책무의 연결 기제로 작동한다.

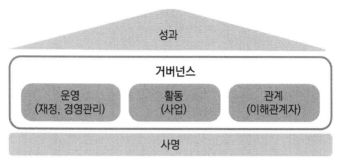

비영리 책무성 범주

비영리 거버넌스는 이사회 리더십

비영리 거버넌스의 중심축인 비영리 이사회는 기관의 사업을 들여다보고, 외부의 지원을 끌어오며, 정책을 결정하는 주요한 의사결정기구다. 이론상으로는 간단하지만 실제로는 그렇게 단순하지 않다. 비영리 이사회는 허술한 구조, 모호한 영입기준, 잘못된 리더십, 해이해진 이사들, 절차에 관한 의견충돌, 이사회와 경영진과의 불분명한 경계, 모호한 전략 등으로 많은 문제를 드러내고 있다. 거버넌스에 대한 혼란이 이사회를 비효과적으로 만드는 주된 원인이다.[10]

이사회 구성원과 경영진은 의도치 않게 진정한 거버넌스의 강력한 효과를 약화하면서도 뭔가 상당히 잘못됐다는 느낌을 떨쳐내지 못한다. 구체적인 문제에만 집중하고 구조와 체계에 초점을 맞추지 못한다. 구체적인 문제라도 논의한다면 그나마 다행이지만 이것조차 하지 않고 거수기 역할만 하는 이사회도 허다하다. 이사회 회의가 한 번 개최되려면 일정 조율, 공간 확보, 개별 이사들과의 소통, 회의자료 준비 등 여기에 투입되는 대표와 실무진의 시간과 비용이 큰데 이사회 회의가 그만큼의 효과성을 거두는지 의문이다. 단체에 도움이 되지 않는 회의라면 실무진들의 업무 과중을 덜어주는 차원에서라도 차라리 개최하지 않는 편이 나을지도 모른다.

많은 이사회가 모이기는 하지만 전략적 리더십을 위해 이사회가 해야 할 일을 거의 하지 않는다. 전략적 리더십은 1987년 미국의 경영학자인 리처드 버드 Richard E. Byrd 에 의해 체계적으로 정의가 내려졌는데 '미래를 예견하여 비전을 만들고 기업조직에 유연성을 유지하며 전략적 변화가 가능하도록 부하들을 임파워먼트시킬 수 있는 능력'이라고 정의할 수 있다.[11] 장기적인 비전을 수립하는 등 전략적 방향을 제시하고, 조직의 핵심역량을 개발 및 유지하고, 인적자원을 개발하며, 외부 환경 변화에 대응하기 위해 지속해서 혁신을 추진하는 것이다. 전략적 리더십은 불확실한 환경에서 조직의 흥망에 결정적인 영향을 미치는 의사결정자인 최고경영층 Top Management Team 에 요구되는 리더십이다.

비영리단체에서 이사회가 해야 할 일 중 정책을 수립하는 일은 전략적 리더십을 발휘하는 수단이 될 수 있다. 정책 거버넌스를 보편화한 존 카버 John Carver 는 이사회는 규칙, 절차 등 정책을 만드는 일을 해야 한다고 주장한다. 이사회가 막강한 권력과 선한 의도를 가지고 하찮은 일에 몰두하지 않고 정책을 새롭게 만들고 조정함으로써 리더십을 발휘해야 한다는 것이다. 단체의 문제 해결을 위해 해결책을 찾기 전에 해결해야 할 문제가 어떤 문제인지를 먼저 알아내고, 더 나은 미래를 위한 최선의 전략이 무엇인가를 찾아내기 전에 더 나은 미래가 무엇인가를 먼저 파악해야 한다.

리더십과 관리는 자주 혼동된다. 하버드대학교 경영대학의 존 코터 John Kotter 는 관리란 복잡한 상황에 대처하는 것이라고 주장한다. 좋은 관리란 공식적인 계획을 바탕으로 질서와 일관성을 유지하는 것, 엄격한 조직구조를 만드는 것, 계획에 따른 결과를 확인하는 것이다. 반대로, 리더십이란 변화에 대처하는 것이다. 이사회는 관리자처럼 행동하지 말고, 경영진이 보지 못하는 큰 그림을 그리고 미래전략을 세우는 전략적 리더십을 발휘해야 한다. 이사회가 리더십의 기회를 확대해 갈 때 더 좋은 거버넌스가 가능하다.

모두가 꿈꾸는 굿 거버넌스

이사회가 이사회의 목적, 역할과 책임, 그리고 단체에 이바지하는 방법을 명확하게 알고 있다면 얼마나 좋을까. '경영진에게 맡기는 편이 최선인 영역을 침범하지 않고, 장기적 관점에서 가치를 중시하는 큰 그림을 관리함으로써 진정한 리더가 되는 이사회, 이사회의 책무를 벗어나지 않는 범위에서 단체 실무자들에게 자율권을 최대로 부여해 효과적이면서도 안전하게 위임하는 이사회, 다양성과 포용을 추구하지만 결정된 사안에 대해서는 서로 다른 목소리를 내지 않고 한목소리를 내는 이사회, 구성원들이 주주와 마찬가지인 단체의 주인들에 대한 충성을 정당성의 기반으로 삼는 이사회.'[12] 모두가 꿈꾸는 이사회의 모습이다.

모든 조직은 사람과 구조를 통해 목표를 달성한다. 위대한 조직의 공식은 간단하다. 짐 콜린스 Jim Collins 는 그의 책 『비영리 분야를 위한 좋은 조직을 넘어 위대한 조직으로 Good to Great and the Social Sectors』에서 위대한 조직의 공식으로서 1) 적합한 사람을 버스에 태워야 한다, 2) 부적합한 사람은 버스에서 내려야 한다, 3) 최대의 효과를 얻기 위해 버스 안 사람들을 배치해야 한다고 제시한다. 즉, 조직의 목표를 달성하기 위해 사람과 구조를 최적화해야 한다는 것이다. 이러한 공식은 비영리단체 이사회에도 적용될 수 있다. 비영리단체들은 관계 기반, 사람 기반에 의해 조직이 운영되기 때문에 조직의 위대함은 사람에게서 나올 수밖에 없다. 적합한 사람을 태우는 것이 전부라고 해도 과언이 아니다.

하지만 비영리단체에서 적합한 사람을 태우는 것보다 훨씬 더 어려운 일은 태운 사람을 내리게 하는 것이다. 비영리 이사회를 담당하는 관리자들을 대상으로 한 강연에서 세 가지 중 가장 어려운 게 뭐냐는 질문에 다들 조금의 주저함도 없이 2)번이라고 답을 해서 다 같이 웃픈(웃기지만 슬픈) 미소를 지었던 적이 있다. 부적합한 사람을 내리게 하는 가장 합리적인 방법은 명확한 규칙뿐이다. 어색하고 불편해서 꺼내지 못하고 우물쭈물하다 타이밍을 놓쳐 이름만 걸어놓은 이사가 한 트럭이 된다. 적합한 사람으로 정비를 했다면 이제 본격적으로 일할 수 있는 구조를 갖추어야 한다.

여기에 중요한 한 가지가 빠져 있는데 바로 '문화'이다. 많은 조직이 훌륭한 인재들을 모으고 체계화된 규정과 제도까지 갖추면 모든 게 완벽하다고 생각한다. 하지만 예상대로 조직이 잘 돌아가지 않고 조직 내 갈등은

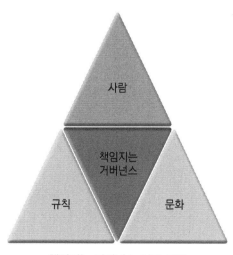

책임지는 거버넌스 성공 조건

심해지고 팀은 성과를 내지 못하며 여기저기서 삐거덕거린다. 문화는 사회 구성원에 의해 습득, 공유, 전달되는 행동양식이나 생활양식의 과정이라면, 조직문화는 조직구성원이 공유하고 있으며 한 조직을 다른 조직과 구별하는 공통적인 의미체계 System of Shared Meaning 라고 할 수 있다.

문화는 표현하기 어렵고, 파악하기 어렵고, 암묵적이며, 당연한 것으로 받아들여지는 경향이 있다. 그러나 모든 조직은 매일의 행동을 지배하는 핵심 가정, 이해, 암묵적 규칙을 개발한다. 문화는 직원들의 말과 행동에 대한 표준을 제공함으로써 조직을 붙잡아주는 사회적 접착제다. 문화는 분위기를 창조하는데 팀 정신 Team Spirit 과 같은 조직문화의 한 측면이다. 모든 구성원이 무엇이 중요하거나 얼마나 일이 잘되고 있는지에 대해서 동일한 일반적 감정을 공유한다면 개인적 부분의 합보다 더 큰 효과를 가질 것이다. 비영리 이사회 효과성을 위해 이러한 창조적 분위기, 팀 정신과 같은 문화적 요소에 관해 관심을 가져야 한다.

모두가 꿈꾸는 굿 거버넌스는 사람, 규칙, 문화를 통해 이사회 효과성을 높이는 것이고, 궁극적으로 비영리 책무성을 강화하는 '책임지는 거버넌스'가 되는 것이다. 책임지는 거버넌스를 구축하기 위한 성공조건 세 가지를 다음 장에서 자세히 다뤄보기로 한다.

책임지는 거버넌스
성공 조건

책임지는 거버넌스 성공 조건

성공 조건 1. 사람 : 적합한 사람을 버스에 태워라

조직의 위대함은 사람에게서 나온다. '인사 人事가 만사 萬事'라는 말처럼 사람의 일이 곧 모든 일이다. 책임지는 거버넌스의 시작도 적합한 사람을 이사회라는 버스에 태우는 것부터이다. 그렇다면, 적합한 사람이란 어떤 사람일까. 적합한 사람은 유명 연예인, 사회적 명망가, 거액 기부자, 전문가가 아니라 우리 단체와 잘 맞는 사람이다. 1) 단체의 미션과 비전을 잘이해하는 사람, 2) 이사회 역할과 책임을 잘 인식하는 사람, 3) 단체의 성과에 기여할 수 있는 사람을 태워야 한다.

단체의 미션과 비전을 잘 이해하는 사람

풀러 신학교의 총장이었던 데이비드 허버드 David Hubbard 는 피터 드러커

와의 대담에서 비영리단체 이사들이 소유의 의미를 제대로 이해하지 못한다고 지적한 바 있다. 비영리에서 소유는 기업에서 주식을 소유한 투자자들이 생각하는 소유를 위한 소유가 아니라 그 조직이 표명한 목적과 사명을 이해하는 관점에서의 소유이며 이사들은 순수하게 조직을 아끼는 마음에서의 소유자가 되어야 한다고 말한다.

조직의 목적과 사명을 충분히 이해하는 사람을 외부에서 찾는 것은 쉽지 않다. 오히려 기존에 단체와 인연을 가지고 활동하며 단체의 상황을 잘 알고 있는 사람이면 더욱 좋다. 단체의 미션에 대한 '가치 동일시'가 이루어져야만 몰입과 헌신이 일어난다. '개인–조직 적합성 Person-Organization Fit'의 개념을 정의한 에이미 크리스토프 Amy L. Kristof (1996)는 개인의 고유한 가치, 목표, 성격 등과 조직의 가치, 목표, 규범, 분위기 등이 유사한 상응 Compatibility 정도에 따라 상호적합성이 나타나며, 이것이 조직성과에 영향을 끼친다고 주장한다.[1] 반대로, 개인들이 추구하는 가치와 조직이 추구하는 가치가 일치하지 않는다고 지각하면 내적 불만, 스트레스 등과 같은 부정적 감정을 느껴 업무성과에 부정적 영향을 미치게 된다. 좋은 이사를 발굴했을 때 바로 이사로 영입하는 것보다 상호적합성을 파악하기 위한 시간을 갖는 차원에서 분과위원, 자문위원 등으로 시작해보는 것도 좋다.

이사회 역할과 책임을 잘 인식하는 사람

이사회에 참여하는 이사들은 자신의 역할과 책임에 대해 잘 알거나 혹은 교육을 통해 받아들일 수 있는 사람이어야 한다. 사실 이사선임 시 이사의 역할과 책임이 무엇인지 주지시켜 주는 단체는 거의 없다. 일부 대형 단체들은 이사들을 대상으로 신임 오리엔테이션 교육과 기존 임원 보수교육을 통해 이사의 역할과 책임을 강조하기도 한다. 비영리단체 이사들이 이사직을 명예직으로 생각하는 것이 하등 이상할 것이 없는 이유이다. 하지만 비영리법인과 이사는 민법상 위임계약 관계에 있다. 이사는 선량한 관리자의 주의의무를 가지며 직무태만 시 책임소재를 물을 수 있다.

가뜩이나 이사를 찾기가 어려운데 이사의 법적 책임 운운하며 책임을 강조한다면 이사를 하려는 사람이 과연 있을까. 대형단체야 단체의 명성도 높고 인적자원도 풍부하니 그나마 낫지만, 소규모 단체들은 자리를 채우기도 여의찮다. 그렇다고 이사회를 부담 없이 티타임과 오찬을 즐기는 사교 집단으로 만들어야 할까. 나중에 책임 없고 능력 없는 이사진은 심각한 문젯거리가 될 수 있다. 선량한 관리자는 착하고 너그러운 성품을 가진 사람이 아니라 바르게 판단하고 행동하는 사람이다. 시간이 걸리더라도 그런 사람을 찾아 이사회를 채워야 한다.

단체의 성과에 기여할 수 있는 사람

이사회가 해야 할 가장 중요한 일은 가치 있는 성과를 창출하는 것이다. 모든 조직은 목적을 위해 존재하며, 목적을 달성하고 성과를 창출할 때 조직이 존재하는 이유를 증명할 수 있다. 가끔 비영리단체 이사를 해달라는 요청을 받는 경우가 있다. 현재 활동하는 곳들이 있어 추가로 역할을 맡는 것이 어렵다고 거절하면 으레 들려오는 말은 "하실 일이 많지 않습니다. 부담 갖지 않으셔도 돼요. 가끔 이사회 회의에 참석만 좀 해주시면 됩니다." 오랫동안 몸담았던 한 단체에서 정기 이사회 회의 참석 여부를 확인하려고 연락이 왔다. 단체 사업에 도움을 줄 수 있는 전문성이 없어 서로 접점이 많지 않던 단체였던지라 이름만 걸고 있는 것이 마음에 걸렸다. 임기를 이번에 마무리했으면 한다고 실무자에게 의사를 전달했더니 실무자 왈 "그냥 이름만 걸고 있는 것만으로도 저희에게는 큰 도움이 됩니다."

이사회가 제대로 기능을 하지 못하는 이유가 명확해진다. 애당초 이사회가 단체 성과에 기여해 줄 것에 대한 기대조차 없었다. 명성만 있고 일은 하지 않는 이사, 그들의 명성이 후광효과가 되어 단체 이미지에 도움을 줄 것으로 막연히 기대하지만, 이는 증명할 길이 없다. 명성도 없고 일도 하지 않는 이사는 단체에 더 치명적이다. '죽은 나뭇가지 문제 Deadwood Problem' 로 불리는 이사회 문제는 어떠한 업적이나 가치도 창출할 수 없다. 이사회는 평판 자본을 생성하고 확대하는 독특한 위치에 있는 기구인데 참여하지 않는 이사들이 기관과 외부의 경계를 오가며 기관을 제대로 알리는 소임을 수행할 리 만무하다. 자신의 시간과 지식과 노력을 단체에 내줄 수 있는 꿀벌 같은 이사를 태워야 한다.

◈ 기여도에 따른 이사 유형

구분		명성과 인지도	
		고	저
참여도	고	**슈퍼스타** 이사회에 적극 참여하며 단체명성, 홍보, 기금모금 등 단체 성과에 크게 기여하는 이사	**꿀벌(일벌)** 시간, 노력, 전문성으로 단체에 이바지하는 이사
	저	**간판스타** 대외적 명성은 크지만 실제 참여와 기여가 없이 이름만 걸고 있는 이사	**죽은 나뭇가지** 단체에 전혀 도움이 되지 않는 버스에서 내려야 할 이사

* Chait, R.P., Ryan, W.P., & Taylor, B.E.(2005), *Governance as Leadership : Reframing the work of Nonprofit Boards*, John Wiley & Sons(김호연 옮김(2007), 『거버넌스 리더십』, 삼우반) 수정

수용자 자녀와 가족의 지원을 위해 설립된 단체인 사단법인 아동복지실천회세움(이하 세움)은 조직 운영에 있어서 중장기 비전 계획, 성과보고서, 사회적 책무성 지침 등 다양하고 세부적인 기준과 정책을 시행하고 있다. 그러나 이사회와 관련해서는 탄탄한 조직운영 시스템이나 여타 기관의 이사회와 비교할 때 매우 허술해 보인다. 「이사회 운영내규」가 있지만 총 2페이지에 걸쳐 3장 8조로 구성된 게 전부이다. 하지만 세움은 최소한의 가이드라인만을 가지고 작지만 강한 이사회를 운영하고 있다. 이러한 비결은 바로 '이사 영입'에 있다.

세움의 이사진은 세움에서 처음 만난 사이가 아니다. 단체 설립 이전부터 대표를 중심으로 연결된 이사들은 사회생활을 통해 오랫동안 함께 관계를 맺으며 서로에 대한 신뢰가 두텁고, 모두 개신교 교인으로 구성되어 강한 신앙심을 기반으로 공통된 신념을 공유하고 있다. 신임이사를 발굴할 때는 외부보다는 단체에서 이미 헌신하고 있는 관계자들을 대상으로 단체에 알맞은 봉사를 할 수 있는 사람을 찾는다. 객관적인 조건과 전문성 등 매뉴얼에 따라 이사의 자격을 따지는 것이 아니라 오랜 시간 관찰하고 대화하며 단체에 맞는 이사를 찾는 데 공을 들인다. 이렇게 영입된 이사들은 '조언하되 간섭하지 않는다.'라는 대원칙을 가지고 사무국을 지지하고 응원하는 든든한 울타리가 되어주고 있다.

세움은 이사회에 어떤 문제가 발생했다면 구조, 운영, 체계를 탓하기 전에 이사 영입에 문제가 없었는지 한번 더 살핀다. 불완전한 규칙을 보완하는 것은 필요한 일이지만 규칙을 보완해도 관련된 문제가 끊이지 않기 때문이다. 좋은 이사를 찾고 영입하는 것이 좋은 이사회의 첫 출발이라고 믿고 있다.

* 이재현·김경수·정수현(2021), 「(사)아동복지실천회세움 사례연구 보고서」, (재)빈손채움 비영리거버넌스연구소

성공 조건 2. 규칙 : 부적합한 사람은 버스에서 내리게 하라

적합한 사람을 태우기도 어렵지만 부적합한 사람을 버스에서 내리게 하는 것은 더 어렵다. 마음에 안 든다고, 단체에 도움이 되지 않는다고 무작정 내리라고 할 수 없다. 모두가 동의할 수 있는 규칙이 필요하다. 존 카버 John Carver 는 거버넌스 실패는 '사람'의 문제가 아니라 '방식'의 문제라고 말한다. 이사회 직무설계와 이사회-사무국 관계, 최고경영자 역할, 성과 평가, 그리고 사실상 이사회와 경영진 관계의 모든 측면을 다루는 방식에 문제가 있다는 것이다. 부적합한 사람을 내리게 하는 단체의 방식을 한번 돌아보자. 사람을 태우는 것보다 사람을 내리게 하는 데는 훨씬 더 세밀한 주의가 필요하다.

하차는 규칙에 따른다

부적합한 사람을 내리게 하는 것은 철저히 규칙에 따라 운영되어야 한다. 어떤 단체는 이사회 구성이 어려워 일부러 연임 규정을 두지 않고 최대한 이사를 붙잡아 두려고 하는가 하면, 어떤 단체는 연임 규정을 미처 만들지 못해 강산이 서너 번 바뀌도록 이사직을 수행하고 있는 이사를 해임하지 못해 고민이다. 이사 선임, 해임, 임기 제한 등 태우고 내리는 규칙을 명문화하는 것은 너무도 중요한 일이다. 장황하고 구체적이지 않더라도 최소한의 가이드라인은 필요하다. 사단법인이나 재단법인의 정관에는 이사의 임면(선임, 해임, 퇴임)에 관한 규정을 반드시 기재하게 되어 있지만 의외로 많은 단체가 이를 구체적으로 적시하지 않고 있다.

비영리단체들은 사적 관계로 얽혀 비슷한 신념을 공유한 사람들이 선한 의도를 가지고 모여 단체를 설립하고 이사진을 구성하는 경우가 많다. 앞서 언급한 (사)세움처럼 사적 관계를 공적 관계로 갈등 없이 전환에 성공하는 경우는 극히 드물다. 대부분은 공과 사의 구별이 모호해지면서 서로에 대한 실망감, 정체성 혼란, 역할 갈등의 부작용으로 단체 설립 전 원만했던 사적 관계마저 훼손되는 경우가 많다. 비영리단체는 자발적 결사체이지만 '친목회', '동호회', '동창회' 등 사적 모임이 아니라 법인격이 있는 조직으로 권리와 의무의 주체이다. 법적 독립체에 속한 이사회는 대외적으로 법인을 대표하고 법인을 지배·감독하는 권한과 책임을 지닌 곳이다. 따라서 부적합한 이사를 버스에서 내리게 하는 것은 서로 얼굴 붉히는 감정적인 사안이 아니라 규정에 따라 운영되어야 할 사안이다.

규칙은 숙의 과정을 통해 만든다

부적합한 사람을 내리게 하는 규칙은 숙의 과정을 통해 만들어져야 한다. 비영리조직의 주요 특성 가운데 하나는 자치성 Self-Governing 이다. 자치성이란 비영리단체가 자기의 활동을 스스로 통제하고 조절한다는 것을 의미한다. 이는 조직의 목표와 목표 달성을 위한 방법을 스스로 결정하고 조직의 활동을 모니터링하고 평가하고 통제하는 기능을 담당하는 기구인 이사회를 두어 이 역할을 수행하도록 한다는 구조적 암시다.[2] 시장 평가나 외부 통제가 어려운 비영리단체에서 이사회는 중요한 자기 통제적 기구이자 이해 당사자의 위임을 받아 그들을 대표하는 협치 기구 Governing Body 이다.

좋은 거버넌스는 자치성에 기반하여 이해관계자의 포괄적 참여와 심도 있는 토론을 통해 합의에 이르는 양질의 숙의 과정 Delibaration Process 이 담겨 있어야 한다. 거버넌스가 문제에 대한 이해 당사자 간 네트워크에 기반한 관리라는 것이 강조된다고 할 때 그 문제를 풀어가는 논의구조, 토의구조가 곧 숙의의 과정이고, 그런 점에서 숙의 과정은 거버넌스의 일환이 되며

'숙의 거버넌스'가 성립하게 되는 것이다.[3] 숙의 거버넌스가 활성화되어 제대로 작동하려면 많은 시간과 노력을 들여 심층적으로 토론하고 의견을 수렴하는 지난한 과정을 거쳐야 하지만 구성원들의 높은 관여로 결정된 규칙은 수용과 몰입도가 높다. 특히, 이사 선임과 해임 등에 관한 규정은 단체에 따라 매우 정치적이고 민감한 사안이 될 수 있어 절차적 정당성을 확보하는 것이 중요하다. 그렇지 않으면 또 다른 논란의 불씨가 될 수 있다.

내려야 할 때를 공식적으로 알린다

주식회사 임원이 지위를 잃는 방식에는 세 가지가 있다. 임원이 스스로 물러나면 사임이고, 임기가 끝나면 퇴임이고, 주주총회 결의로 강제로 물러나게 되면 해임이다. 마찬가지로 비영리단체도 이사직을 그만두게 될 때는 사임, 퇴임, 해임이 적용된다. 법인과 이사의 법률관계는 신뢰를 기초로 한 위임 유사관계로 볼 수 있는데, 「민법」 제689조 제1항에서는 위임 계약은 각 당사자가 언제든지 해지할 수 있다고 규정하고 있다. 법인은 원칙적으로 이사의 임기 만료 전에도 이사를 해임할 수 있지만, 이사의 중대한 의무 위반 또는 정상적인 사무 집행 불능 등의 특별한 사정이 없는 이상, 정관에서 정하지 아니한 사유로 이사를 해임할 수 없다. 「민법」 규정은 임의규정에 불과하므로 법인이 자치법규인 정관으로 이사의 해임 사유 및 절차 등에 관하여 별도의 규정을 두는 것이 필요하다.

실제로 비영리단체에서 해임의 경우는 극히 드물다. 법 위반, 기부금 유용, 개인적 스캔들 등 단체의 명예훼손과 목적에 위배되는 심각한 사안이 자주 발생하는 것은 아니기 때문이다. 그러나 우리 단체에서는 절대 일어나지 않을 일, 우리와는 상관없는 일이라는 안일한 생각보다는 위기관리 차원에서 '해임'에 관한 사항을 구체적으로 명문화해 두는 것이 좋다. 발등에 불 떨어져서 허둥지둥 만들다보면 제대로 숙의 과정을 거치지 못해 규정을 다시 고쳐야 하는 번거로움이 있을 수 있다.

비영리단체에서 이사직을 물러날 때 더 심각한 문제는 이사들이 자신이 버스에 탔는지 내렸는지조차 모르는 '낀 상태'에 있다는 것이다. 중앙정부와 지방자치단체, 공공기관, 비영리단체들의 이사회, 위원회 등의 활동을 하다 보면 임명받고 활동하다가 임기가 언제 끝나는지도 모른 채 임기가 끝나 있는 때도 있다. 위원회 임기가 국가 기밀사항도 아니고, 문제를 일으켜 불명예스럽게 자리를 물러나는 것도 아니고, 임기 동안 충실하게 직무를 수행했음에도 불구하고 이사회에 대한 관리가 소홀한 것이다. 선임 과정에서는 소통이 이루어지지만, 임기 종료에 대해서는 불통이다.

비영리단체 이사들 대부분은 자신의 본업을 가지고 있어서 세세한 사항까지 챙기기는 어렵다. 이사들이 출입구에 '낀 상태'로 있지 않도록 내려야 할 때를 정확히 알려줘야 한다. 어느 날 위원으로 활동했던 한 재단법인으로부터 우편물을 받았다. 상자 안에는 엽서 3장과 작은 선물이 담겨 있었다. 엽서 앞면에는 나의 사진을 캐리커처로 작업한 그림이 그려져 있었고, 엽서 뒷면에는 이런 글귀가 적혀 있었다. "좋은 일을 멋지고 보다 바르게 하는 여정에 함께 해주셔서 고맙습니다. 계속되는 재단 활동과 사업에도 관심 가져주시고, 연구위원에서 이어질 연구와 확장에도 적극적인 참여를 부탁드립니다." 위원회 임기 종료를 이렇게 아름답게 접해보기는 처음이다. 엽서를 받은 위원들은 아마도 단체와 '헤어질 결심'을 했다가도 '함께 할 결심'을 하게 될 것이다. 참 멋진 곳이다. 끝이 아름다운 곳은 과정도 더할 나위 없이 아름답다.

(사)한국YWCA연합회 버스에 타고 내리는 규칙 만들기

2022년 창립 100주년을 맞은 사단법인 한국YWCA연합회(이하 한국Y)는 오랜 역사와 전통, 그리고 공신력을 가진 한국의 대표적인 기독 여성 시민운동단체이다. 한국Y는 새로운 100년을 준비하며 조금 더 '가볍고 힘 있게' 달리기 위한 대대적인 조직 재구조화를 단행하였다. 조직 재구조화의 핵심은 한국Y의 목적에 맞춰 조직을 재정렬하는 것이고, 지속가능한 조직을 위한 건강한 거버넌스를 구축하는 것이었다.

지역에 있는 회원Y가 독자적인 법인격을 확보하고 지역 운동의 주체로 자리매김할 수 있도록 회원Y를 재구조화하고, 이원화되어 있던 결정 단위와 책임 단위 구조를 법인이사회로 일원화하며, 총회와 법인이사회 조직에 지역과 청년대표 비율을 확대하고 청년부회장 제도를 신설하는 등 지역성, 청년성을 실질적인 의사결정 구조에 반영할 수 있도록 연합회의 의사결정 구조를 개편하였다.

특히, 법인이사회가 민주적이고 투명하며 책무성 있는 거버넌스가 되도록 이사회 구성 및 운영에 대대적인 변화를 도모하였다. 한국Y는 조직의 핵심적인 의사결정기구인 이사회 운영, 총회 운영과 관련된 규정과 절차를 보완하고 개선하는 작업을 했다.

이사회 임기(2년) 및 연임(2회)과 퇴임(만 70세) 규정, 회의 운영 규정, 법인이사회 그라운드 룰 등을 만들어 이사회 구성을 둘러싸고 발생할 수 있는 이슈들을 근본적으로 해결하고, 이사들의 순환구조를 만들어 조직의 상황에 따라 그에 부합하는 역량을 가진 이사들이 영입될 수 있도록 명문화하였다. 그 밖에도 회의 횟수를 월 1회에서 격월로 변경하고, 이사 수를 조정하고, 지역성과 청년성을 대표할 수 있는 회원Y와 청년대표 비율을 확대하여 정관에 명시하였다.

정책을 문서로 작성하는 것은 모든 이해관계자가 조직의 원칙을 동일하게 이해하고 공유할 수 있게 할 뿐만 아니라 이사회가 자신을 스스로 견제하여 거버넌스의 건강성을 지켜가는 방법이기도 하다. 사실 100년 된 조직의 구조를 바꾼다는 것은 말처럼 쉽지 않다. 규칙을 합의하는 과정에서 누군가의 이해와는 상충하여 갈등과 저항에 부딪히기도 했지만, 단체의 목적을 바로 세운다는 뜻에 공감하고 기나긴 논의와 합의의 숙의 과정을 거쳐 함께 변화를 이뤄냈다.

이사회 구성 및 운영 변화	
이사 수 조정	법인 이사회 7명, 실행위원회 35명 → 법인 이사회 21명 (선출직 20, 당연직 1 / 전원 등기이사)
회원Y와 청년대표 비율 확대	• 선출직 20명 : 연합회 8명, 회원Y 8명, 35세 이하 청년 4명 (연합회와 회원Y는 구성 인원에서 각각 청년 1명씩 포함) • 35세 이하 청년부회장 제도 도입
회의 회수	매월 → 격월
연령 제한	만 70세 퇴임
연임 규정	이사 2년, 2회 연임 / 회장 2년, 1회 연임

* 이명신·김경수·김지숙(2022), 「(사)한국YWCA연합회 사례연구 보고서」, (재)빈손채움 비영리거버넌스연구소

성공 조건 3. 문화 : 버스에 탄 사람들이 신명 나게 하라

버스에 탈 사람이 확정되었다면 이제 버스가 출발할 시간, 본격적으로 거버넌스가 작동해야 할 시기이다. 이 버스는 놀러 가는 관광버스가 아니라 목표와 과업이 존재하는 미션버스다. 목표를 달성하는 여정 동안 참여자들은 각자의 역량을 발휘해 효과적으로 일해서 성과를 만들어야 한다. 그렇다고 버스 안이 너무 엄숙하고 삭막할 필요는 없다. 버스 안에는 분명 규칙이 존재하지만, 규칙이 잘 지켜지려면 분위기가 중요하다. 적합한 사람을 태우고 일할 수 있는 구조를 갖추었지만, 이사회가 여전히 역동적이지 않고 단체에 도움이 되지 않는다면 이사회 문화를 살펴볼 필요가 있다.

지속가능성을 위협하는 거버넌스

비영리단체에서 일하는 공익활동가들을 대상으로 하는 조사연구에서 조직의 지속가능성을 위협하는 요인으로 단체의 조직문화와 의사결정구조를 지적하고 있다. 한국 시민사회는 양적, 질적으로 성장해왔지만, 단체에 속한 활동가들은 위기감과 무력감을 느끼며 이중적 양상을 보인다. 시대적 상황, 시민사회 활동의 사회적 환경, 새로운 세대 활동가들의 의식과 욕구 등 많은 것이 변했는데 담론, 사고방식과 활동 방식은 좀처럼 변하지 않아 조직 내 갈등을 일으키고 있다. 특히, 노동의 대가를 지급하지 않고 희생과 헌신을 요구하는 것을 당연시하는 문화, 자유로운 토론이 쉽지 않은 폐쇄적 논의구조, 지도부와 이론가의 권위주의와 패권, 경직되고 관료적인 조직구조, 위계적인 의사결정구조로 인해 평활동가의 의사가 반영되기 어려운 환경 등이 문제점으로 나왔다.[4]

의사결정구조의 문제는 조직문화와 깊은 관련성이 있다. 조직문화의 중요성은 누구나 인지하고 있으나 당장 그 효과가 눈에 보이지 않고 측정하기도 어려워 홀대받는 경우가 있다. 하지만 조직문화가 성과에 영향을 끼친다는 증거들은 이미 차고 넘친다. 맥킨지에서 글로벌 기업들을 9년 동안 추적 조사한 결과, 조직의 건강도가 높은 기업은 그렇지 못한 기업의 성과 TRS(주주총수익률 기준)를 3배 이상 상회하는 것으로 나타났다. 또한 건강한 조직문화는 현재의 성과보다 미래의 성과와 더욱 강한 상관성을 가진다는 것도 밝혀졌다. 즉, 현재의 조직문화는 미래의 성과에 대한 예측 가능한 지표인 셈이다.[5] 지속가능한 단체와 건강한 거버넌스 개선을 위해 '문화'에 주목해야 하는 이유이다.

정답은 하나가 아니다

이사회는 조직 안의 조직이다. 단체의 문화와 이사회 자체의 문화가 혼합되어 특유의 문화를 형성하게 된다. 보편적으로 적용될 수 있는 단 하나의 정답은 없다. 탁월한 조직은 자신에 맞는 조직문화를 형성한다. 애플은 성과 지향적인 조직문화를 가지고 있고, 월마트는 오퍼레이션 고도화에 집중한 조직문화, 골드만삭스는 차별적 지식과 우수인재를 바탕으로 하는 조직문화를 가지고 있다. 페이스북(F), 아마존(A), 넷플릭스(N), 구글(G) 등 FANG이라 불리는 거대 ICT 플랫폼 기업들은 수평적이고 자유로운 문화를 중시한다. 조직의 목표, 전략 방향, 시장 내 차별적 경쟁우위를 극대화하는 데 이러한 조직문화가 적합하기 때문이다.

간혹 조직문화와 관련된 오해가 발생하는 경우가 있다. 구글은 혁신적인 조직문화를 가진 기업으로 많은 기업이 구글이 어떻게 일하는지에 관심을 기울인다. 구글은 계급을 불문하고 직원들이 상호소통하고 교류하며 아이디어를 공유할 수 있도록 자리에 개인 전용 칸막이가 설치되어 있지 않다. 또한, 구글에는 "히포의 말은 듣지 않는다."라는 원칙도 있다. 히포 Hippo 란 Highest Paid Person's Opinion의 약자로 기업 내에서 최고 급여를 받는 사람을 의미한다. 히포의 말에 귀를 기울이는 습관을 멈추고 나면 기업에서 자연스레 실력주의 Meritocracy 가 싹틀 수 있다.

누구나 동등하게 의사결정에 참여할 수 있고 의견을 낼 수 있을 때, 더나은 결정을 유도할 수 있으며 모든 구성원의 가치와 권한을 극대화할 수 있다.[6] 많은 기업이 구글의 사례를 벤치마킹하여 조직문화를 바꿔보려고 시도하지만, 실효성을 거두지 못하는 경우가 많다. 조직문화가 아무리 중요하다고 해도 자기 조직과 맞지 않는 옷을 억지로 껴입으려다 보니 부작용이 발생한다.

비영리단체의 이사회 규모는 적게는 5~6명, 일반적으로 10명 내외, 대형 단체의 경우 20명이 넘는 곳도 있다. 이사들은 단체의 미션과 비전에 공감한다는 공통점을 제외하고 각자 살아온 삶의 궤적이 천차만별이다. 이사회가 10명이라면 팔레트 위에 10개의 색이 펼쳐져 있는 것과 같고 어떻게 혼합하는지에 따라 전혀 다른 색깔이 나온다. 이사회 역량을 극대화할 수 있도록 우리 조직에 맞는 최적화된 조합을 찾는 것이 중요하다.

회의 문화가 곧 이사회 문화

이사회가 자기 일을 수행하는 자리가 회의다. 회의 문화가 곧 이사회 문화라고 해도 과언이 아니다. 우리 단체 이사회 회의 문화는 어떠한가? 열린 토론과 반대 의견을 장려하는 문화인가? 지속적인 개선, 피드백 및 코칭을 촉진하는 문화인가? 협업과 정보 공유를 촉진하는 문화인가? 아니면 토론을 독점하거나 다른 관점을 차단하는 이사가 있는가? 비영리 이사회야말로 어느 조직보다도 민주적이고 투명하며 포용적이고 개방적인 회의 문화를 가져야 할 것이다. 하지만 실제 이사회 회의는 안건을 검토하고 승인하고 간혹 몇몇 이사들이 사안에 대해 질문을 하면 당연직 이사로 참여하는 사무국 대표격인 사무총장이 답변을 해주는 방식의 매우 수동적인 회의가 진행된다. 거버넌스에서 중요한 숙의 과정이 이루어질 수 있는 구조와 문화가 되어 있지 않아 이사회는 활기가 없고 지루한 회의를 반복하게 된다.

이사회 회의문화에 있어 리더십의 역할은 매우 중요하다. 국내 비영리단체 이사회는 평균 연령 61.77세, 학계와 경제·경영계 출신의 5·60대 남성이 대부분을 차지하고 있고, 이사회 의장 역시 유사한 혹은 훨씬 더 고령화된 인구학적 특성이 있다. 한국 사회 전반의 '권위'와 '질서'를 중시하는 위계적인 조직문화와 이를 반영하는 리더십 특성이 비영리단체에도 고스란히 나타난다. 영리, 비영리를 막론하고 권위적이지 않은 리더를 찾기는 쉽지 않다. 조직은 수평적인 조직문화와 혁신을 부르짖더라도 조직의 상층부로 갈수록 권위적인 리더가 살아남아 있다. 리더가 청바지에 검은 티를 입었다고 신뢰, 배려, 개방 등 탈권위적, 탈위계적이고 자유로운 사고를 하는 것은 아니다.

이사회 의장의 리더십 스타일을 바꾸는 것만으로도 이사회 문화를 혁신하는 데 큰 도움이 될 수 있다. 대부분 의장은 보스 역할에 익숙해서 자신이 명령권자가 아니라 중재자라는 사실을 망각한다. 기업 이사회 의장들은 과거에 CEO였거나 CEO를 겸직하고 있는 경우가 많아 자신이 마치 CEO인 것처럼 행동하면서 이사회에서 갈등과 혼란을 초래하기도 한다. 비영리단체에서도 이사장이 회장(대표)을 겸직하고 있을 수 있다. 인시아드의 기업지배구조센터는 이사회 의장의 바람직한 역할 모델을 찾기 위해 31개국 출신 이사회 의장 200명을 대상으로 설문조사를 실시하고 80명의 이사회 의장, 60명의 이사회 구성원과 주주, CEO와 인터뷰를 실시했다. 조사 결과 연구 대상자들이 공통으로 동의한 내용은 바람직한 이사회 의장은 기업이 아니라 이사회를 대상으로 리더십을 발휘하며, 이사회를 그 조직에서 최고 의사결정기구로 만든다는 것이다.[7]

이사회 의장은 이사회를 대표하며 이사회에 책임을 지는 것이다. 의장은 해결책을 들고 이사회에 뛰어들어 상황을 지휘하는 것이 아니라 이사들이 서로 협력적으로 해결책을 모색할 수 있도록 환경을 조성하는 임무를 수행해야 한다. 사실 다른 이사들을 격려하고 그들을 빛나게 하도록 돕는 리더십은 기업뿐 아니라 비영리단체 이사장들에게도 익숙한 방식은 아니다. 의장은 자신의 리더십 스타일을 성찰해보고 의장의 역할에 부합하는 리더십을 발휘해야 한다.

좋은 이사회에는 좋은 회의가 있다. 조화로운 분위기 속에서 해야 할 일을 제대로 하면서 재미와 유머를 잃지 않는 우리 단체만의 활기찬 이사회 문화를 만들어보자.

이사회 역할과 책임

이사회 역할과 책임

책임지지 않는 거버넌스

비영리단체가 효율적인 거버넌스를 구축하는 것은 기업에 비해서 어려운 점이 많다. 기업의 일반적인 형태인 주식회사의 가장 핵심적인 기업지배구조는 이사회이다. 기업은 소유와 경영이 분리된 경우가 많아 회사의 주인인 주주들은 자신들의 이익을 극대화하는 방향으로 자신을 대리해서 회사를 경영해주기를 기대하고 전문경영인을 고용한다. 이때 전문경영인이 주주의 이익이 아니라 자신의 이익을 우선으로 추구하는 '대리인 문제 Agency Problem'가 발생할 수 있으므로 이사회가 이런 문제를 최소화하기 위해 전문경영자의 의사결정이 주주 이익에 합치하는지를 감시하고, 그러한 의사결정을 승인하는 역할을 하게 된다.

그렇다고 주식회사의 이사회가 비영리단체 이사회보다 거버넌스 본연의 기능을 잘 수행하고 있다는 것을 의미하는 것은 아니다. 주식회사 이사회 역시 명망가와 전문가들로 가득 채워진 엘리트 집단이지만 경영진에 대한 감시는커녕 거수기 역할을 한다는 비판을 많이 받는다. 또한, 코리아 디스카운트 Korea Discount(우리나라 기업의 주가가 비슷한 수준의 외국기업의 주가에 비해 낮게 형성되어 있는 현상)의 원인으로 지목되는 것이 바로 지배구조 문제이다. 재벌이라고 하는 국내 대기업들은 전문경영인이 별도로 있지만 대주주인 지배주주가 전문경영인의 의사결정을 좌지우지하는 경우가 많으며 상속과 가업승계, 기업승계를 위해 사익편취, 일감 몰아주기, 편법 증여 등 전횡을 일삼으며 오히려 더 많은 윤리적 문제를 발생시키고 있다.

비영리단체는 법인의 형태를 가지더라도 주주가 없을 뿐만 아니라 시장의 규율도 거의 존재하지 않는다. 그리고 많은 비영리단체는 이해당사자가 모호하며 경영자가 누구에게 책임을 지는가도 분명하지 않다. 비영리단체는 경영자를 규율할 제도가 미흡하며, 거의 유일한 제도가 이사회 제도라고 할 수 있다. 상법상 주식회사는 이사회가 필수 기관이지만 비영리법인(사단, 재단)은 민법에서 필요 기관이 아니라 정관의 규정에 따라 설치할 수 있는 임의 기관이다. 이사를 선임하도록 하나 필수 사항은 아니며, 자격과 임기에 관한 별도의 규정도 없다(「민법」 제57조). 다만, 「공익법인의 설립·운영에 관한 법률」(이하 공익법인법)과 「사회복지사업법」 규정에서는 이사회가 필수 설치 기관이며, 이사 구성, 임기, 기능, 소집 등 구체적인 규정을 명시하고 있다.

비영리 이사들도 기업의 이사들처럼 법적 책임을 가지지만 단체운영에 관한 문제가 발생했을 때 중대범죄가 아니고서는 이사들에게까지 책임소재를 따지는 경우는 많지 않다. 더욱이 기업의 이사직은 고액의 연봉과 비금전적 혜택을 받기 때문에 역할을 제대로 하지 못하는 것에 대한 책임을 물을 수 있다. 2022년 기업 분석 전문업체 한국CXO연구소가 국내 15개 주요 업종별 매출 상위 20위의 총 300개 기업을 조사한 결과 이들 300개 사사외이사의 평균 보수는 5,410만 원으로 분석됐다. 이사회에 참석할 때마다 교통비 명목으로 추가 수당이 지급되고, 골프장 회원권 이용 등 부수적 혜택이 제공되기도 한다. 주주가 제기할지 모를 소송에 대비해 임원 배상 책임보험에 가입시켜주는 것도 필수적인 인센티브로 꼽힌다.[1] 반면, 비영리 이사직은 오히려 단체에 기부하고, 무보수 봉사직 혹은 회의비나 교통비 정도 소액의 보상을 받는 자리이기 때문에 과도한 책임을 묻는 것이 한국적 정서상 과하다는 인식이 보편적이다. 보상과 제재가 작동하기 어려운 구조가 비영리 이사회를 책임과 권한이 없는 형식적 집단으로 만드는 원인이 된다.

이사회 역할과 책임 범위

비영리 이사회 비효과성을 야기하는 근본적 원인은 이사회가 무슨 일을 해야 하는지 역할과 책임을 잘 모른다는 것이다. 대체로 이사직을 요청받을 때 책무에 대한 이해나 교육 없이 기존 관계 때문에 수락하고 직무를 등한시하는 경우가 많다. 이사의 의무와 책임에 관하여 「민법」은 비영리법인 이사의 주의의무(제61조), 법인과 이사의 이익 상반 시 특별대리인을 선임하여 대표하게 할 의무(제64조), 임무 해태 시 법인과 연대하여 손해배상 책임(제65조)을 규정하고 있다. 「공익법인법」은 이사의 의무와 책임에 관하여 구체적 규정을 두지 않고 있으며, 이사장이나 이사가 공익과 이해관계가 상반될 때 그 사항에 관한 의결에 참여할 수 없도록 규정하고 있다(제7조 제2항). 「사회복지사업법」은 이사의 의무와 책임 등 이사회 운영에 관해서 「공익법인법」을 준용하도록 하고 있다(제32조).

감사의 경우 이사와 마찬가지로 선량한 관리자의 주의로 직무를 수행해야 한다. 공익법인은 2명의 감사를 선임해야 하고, 감사는 이사와 특별한 관계가 있지 않으며 감사 중 1명은「공익법인법 시행령」에서 정하는 바에 따라 법률과 회계에 관한 지식과 경험이 있는 자 중 주무관청이 추천할 수 있다(「공익법인법」제5조). 감사는 공익법인의 업무와 재산 상황을 감사하는 일 및 이사에 대하여 감사에 필요한 자료 제출 또는 의견을 요구하고 이사회에서 발언할 수 있다. 감사 결과 불법 또는 부당한 점이 있음을 발견할 때는 이를 이사회에 보고하고, 필요시 이사회를 소집할 수 있으며, 주무관청에 보고하여야 한다. 사단법인의 경우 단체 사무 집행에 대한 감독 권한을 가지고 있으나, 이사회가 필수 설치기관이 아니므로 감사의 성명, 주소는 등기사항이 아니다. 법인의 재산 상황 및 이사의 업무 집행 상황을 감사하고, 문제가 있음을 발견할 때는 이를 총회 또는 주무관청에 보고해야 한다. 감사는 필요시 총회를 소집할 수 있다.

많은 비영리 거버넌스 전문가들이 공통으로 얘기하는 이사회 역할과 책임은 법적 책임, 단체의 사명과 목적 수립, 규정·규칙 등 정책수립, 재정관리 및 감독, 자원 확보, 최고경영자 선발 및 평가와 협력 등으로 정리해볼 수 있다. 비영리 거버넌스를 집중적으로 연구해 온 리처드 잉그램 Richard Ingram 은 비영리 이사회 책임으로 사명과 목적 수립, 최고책임자 선정, 최고책임자 지원 및 평가, 계획수립, 프로그램과 서비스 모니터링, 재정자원 확보, 자산 보호 및 재무 감독, 이사회 구성, 법적 윤리적 결함이 없게 하기, 단체의 공적 위상 강화 등 10가지를 제시한 바 있다. 비영리 분야 컨설턴트로 저명한 토머스 울프 Thomas Wolf 는 이사가 책임을 지고 수행해야 하는 분야로 단체의 목적과 운영방침을 정하는 것, 장기계획을 수립하는 것, 재무 관련 방침과 한계를 정하는 것, 재정 유지, 최고경영자 선정 및 평가, 단체사업 홍보 및 소통 등 6가지를 들고 있다.

하버드 교육대학원 교수이자 비영리기관 거버넌스 연구 최고 권위자로 꼽히는 채이트는 2007년 보드소스 BoardSource 리더십 포럼에서 "오늘날의 비영리 이사회는 관리자로서가 아니라 리더십을 발휘하는 거버넌스로서 더 자각하고, 더 계몽되고, 더 단호해 보인다. 수탁자의 개인적 특성보다 이사회 정책에 따라 운영되고, 로컬 관습이 아니라 모범 사례에 따라 적합하게 운영되고 있다. 한마디로 비영리 이사회가 더 전문적으로 변해가고 있다고 믿는다."라고 연설한 바 있다. 하지만 10여 년이 지난 지금 국내 비영리 이사회가 그러한 모습으로 변모해가고 있는지 확신이 서질 않는다. 비영리 이사회가 더 책임 있는 거버넌스로 기능하려면 다음의 일곱 가지 역할과 책임을 제대로 이해해야 한다.

법인의 분류

법인(法人)이란 : 자연인(自然人) 이외의 것으로서 법률에 의해 인격이 부여되어 법률상의 권리·의무의 주체가 된 단체 또는 재산을 뜻함

◉ 구성요소에 의한 분류
① 사단법인 : 일정한 목적을 위해 결합한 사람의 단체(사단)에 권리주체가 되는 법인격을 부여한 것(사람 중심)
② 재단법인 : 일정한 목적을 위해 출연된 재산을 중심으로 한 사업체(재단)에 권리 주체가 되는 자격을 인정한 것(재산 중심)

사단법인	재단법인
일정한 목적을 위하여 결합한 사람의 집단	일정한 목적을 위하여 출연한 재산
구성 요소인 사원(회원)이 필요	사원(회원)이 부존재

사단법인	재단법인
최고 의사결정은 사원총회의 자주적 결정에 따라 이루어짐	출연자의 의사가 존중됨
사원들에 의해서 단체의 설립, 법인의 형태, 조직의 구성 및 정관의 작성과 변경 등에 있어서 폭넓은 자율성 인정	출연자의 의사를 존중하기 위해 정관 변경에 많은 제약이 가해지는 등 타율적인 조직체
비영리법인뿐만 아니라 영리를 목적으로 하는 영리법인도 허용	재단법인에는 구성원인 사원이 없으므로 비영리를 목적으로 하는 법인만 인정
영리법인/비영리법인(민법법인, 공익법인, 특수·법정 법인)	민법법인, 공익법인, 특수·법정 법인

◑ 영리성을 기준으로 한 법인의 분류

① 영리법인 : 「민법」 제39조, 「상법」에 해당하는 영리를 목적으로 하는 법인(회사)

② 비영리법인 : 「민법」 제32조, 「공익법인의 설립·운영에 관한 법률」, 기타 개별법에 의해 설립된 영리 아닌 사업을 목적으로 설립된 법인

분류 기준			설명	
영리성 여부	근거법	성격		
영리 법인	「민법」 「상법」	영리를 목적으로 하는 법인(회사)	영리법인은 100% 사단법인체 (합명회사, 합자회사, 주식회사, 유한회사, 유한책임회사)	
비영리 법인	「민법」	공익목적 아닌 법인 (실무상 비영리법인)	공익을 목적으로 하지 않고 법인 자체의 목적을 추구	
		공익목적이나 공익법 미적용 법인(실무상 비영리법인)	공익을 목적으로 하나 공익법이 적용되지 않는 법인	대부분 상증법상 '공익법인'으로 인정
	「민법」 및 「공익법」	공익법 적용법인(법률상, 실무상 공익법인)	• 장학, 연구, 학술, 자선 • 「공익법」이 보완적으로 적용되나 광의로는 '민법법인'에 속함	

분류 기준			설명	
영리성 여부	근거법	성격		
비영리 법인	특수 법인 (특별법)	특별법에 근거하여 설립 허가되는 법인	• 사회복지법인(사회복지사업법) • 학교법인(사립학교법) • 의료법인(의료법) • 기타(각 근거법)	대부분 상증법상 '공익법인'으로 인정
		특별법으로 국가 등이 직접 설립하는 법인(좁은 의미의 특수법인)	국가의 특별행정 목적 수행을 위해 법률로 설립된 '법정법인' : 한국도로공사법, 한국연구재단법, 한국은행법 등	

◐ 설립근거에 의한 분류

① 상법법인 : 「상법」 제3편 회사편 제169조 이하에 근거하여 설립한 영리를 목적으로 하는 법인

② 민법법인 : 「민법」 제3장 법인편 제31조 이하에 근거하여 설립한 법인으로 사단법인과 재단법인을 의미(통상 비영리법인)

③ 공익법인 : 「공익법인의 설립·운영에 관한 법률」에 근거하여 설립된 협의의 공익법인과 「상속세 및 증여세법」에 따른 광의의 공익법인이 존재

④ 특수법인 : 「사립학교법」, 「사회복지사업법」, 「의료법」, 「변호사법」 등 각종 개별법에 따라 설립된 법인(법정법인)

구분	근거	설명
상법법인	상법	합명회사, 합자회사, 주식회사, 유한회사, 유한책임회사
민법법인	「민법」 제32조	• '학술, 종교, 자선, 기예, 사교 기타 영리 아닌 사업을 목적'으로 설립되는 법인으로서 통상 '비영리법인'이라고 칭한다. 법인의 목적 및 사업과 관련한 중앙행정기관 등(주무관청)이 정하는 바에 의하여 설립허가와 감독이 이루어진다.

구분	근거	설명
공익법인	「공익법」 제2조	• 사회 일반의 이익에 이바지하기 위하여 학자금·장학금 또는 연구비의 보조나 지급, 학술, 자선(慈善)에 관한 사업을 목적으로 하는 법인을 말한다. • 광의로 보면 「공익법」 제2조에 의하여 설립 허가되는 공익법인 전체가 「민법」 제32조에 규정된 비영리법인에 포함된다. 특별법 우선 적용의 원칙에 따라 「공익법」 제2조에 의하여 설립 허가되는 공익법인은 「공익법」을 우선하여 적용하고, 해산에 관한 규정 등 「공익법」에 규정되지 않은 부분은 「민법」의 규정을 따라야 한다(「공익법」 제1조). (※ 공익을 목적으로 하는 모든 법인이 「공익법」의 적용을 받는 공익법인은 아니며, 「상중법」은 종교·자선·학술 기타 공익을 목적으로 하는 사업을 영위하는 법인을 공익법인이라 하여 더 넓은 의미의 공익법인 개념을 사용하고 있다.)
특수법인	「사립학교법」, 「사회복지사업법」, 「의료법」 등 각종 개별법	• 학교법인, 사회복지법인, 의료법인, 기타 개별법에 의하여 법인격이 부여된 각종 조합 및 연합회 등이 이에 해당한다.

비법인 : 비영리민간단체(「비영리민간단체 지원법」에 따라 등록된 단체, 영리가 아닌 공익활동을 수행하는 것을 주된 목적으로 하는 민간단체), 임의단체 등

* 법무부(2017), 실무자를 위한 비영리·공익 법인 관리·감독 업무 편람

선량한 관리자의 주의의무

법적으로 설립된 비영리단체는 세금 감면 혜택을 받으며, 비영리단체에 기부하는 시민이나 기관에는 세금 공제 혜택을 준다. 정부가 세금을 부과할 권리를 포기하고 비영리단체에 이러한 혜택을 주는 이유는 비영리단체들이 사적 이익이 아닌 공익적 목적을 위해 일하기 때문이다. 따라서 비영리단체가 공익을 최우선에 두고 활동하는 것은 감면 혜택과 같은 정부로부터의 간접적 재정지원에 대한 책임을 다하는 것이고, 이는 궁극적으로 세금을 낸 시민들에게 책임을 지는 것이다.

단체가 법적 책임을 준수하고 본래의 목적에 충실하게 운영되도록 합리적인 의사결정을 하는 곳이 바로 이사회이다. 이사회에 속한 이사들은 이해관계자들에게 권한을 위임받은 수탁자Fiduciary로서 그들의 이익을 최우선으로 두고 행동해야 할 책임을 지는 것이다. 비영리단체 이사직은 광범위한 법적 의무를 이행하는 중요한 자리이다. 보수도 없이 봉사하는 이사의 일이 개인적인 책임의 대상이 되어야 한다는 것은 매우 모순되지만, 이사에게는 법적 책임이 따른다.

주의의무

이사는 선량한 관리자의 주의로 그 직무를 수행해야 한다(「민법」제61조). 법적으로 비영리법인과 이사와의 관계는 민법상 위임계약 관계이며, 위임계약 관계에서는 사무 처리를 맡은 수임인이 위임의 목적이나 의도에 맞게 거래상 일반적으로 평균인에게 요구되는 정도의 주의, 즉 행위자의 직업 및 사회적 지위 등에 따라서 일반적으로 요구되는 정도의 주의를 기울여야 한다. 수임인이 이러한 주의를 다하지 못하여 위임인에게 손해가 발

생하면 그 손해를 배상해야 하므로 그 의무를 제대로 이행하는 것은 책임과 직결되는 엄중한 문제이다.[2]

선량한 관리자의 주의의무

① 선량한 관리자의 주의란, 그 사람이 속하는 사회적 지위, 종사하는 직업 등에 따라서 요구되는 정도의 주의로, 일반적으로 평균인에게 요구되는 정도의 주의를 말한다. 이사가 본인의 임무를 해태한 경우, 이사는 법인에 대하여 손해배상 책임을 지고 이사가 여러 명이면 연대하여 법인에 대하여 손해배상의 책임을 부담해야 한다(「민법」 제65조).

② 이사가 각종의 법인등기를 게을리하거나, 재산목록의 작성 및 비치 의무를 위반 또는 부정 기재를 한 경우 및 파산선고의 신청을 게을리한 경우에는 500만원 이하의 과태료 처분을 받게 된다(「민법」 제97조 제1호·제2호·제5호 및 제6호).

충실의무

선량한 관리자의 주의의무에 포함되는 개념으로 볼 수 있지만, 「상법」에서는 주식회사 이사의 '충실의무'에 관한 조항이 명시되어 있다. 충실의무는 재량을 부여받은 자와 재량을 부여한 자 간에 발생할 수 있는 이익충돌에 관한 총칙적 규범이다. 이익충돌 Conflict of Interest, COI 은 개인의 직무와 그의 사적 이익 사이에 관련성이 생길 때, 그가 직무로서 수행한 평가·심사·판정·조언·자문 등이 그의 사적 이익을 위해 편향되지 않았는지 제3자가 합리적 의문을 제기할 수 있는 상황을 의미한다.

비영리법인에서도 영리법인과 마찬가지로 이사와 법인 간의 이익충돌 문제가 발생할 수 있다. 실제 이익충돌 문제가 심각하게 드러난 경우는 많지 않지만, 비영리도 이사장의 전횡, 이사의 과다 보수 수취, 이사 혹은 이사의 이해관계자와 비영리법인 간의 자기거래(용역위탁), 이사와 법인의 설립목적 위반 등 다양한 이익충돌이 발생한다. 현행「민법」에서는 법인과 이익충돌에 처한 이사의 대표권을 박탈하고 쌍방대리를 금지하고 있지만 해당 조문만으로는 다양하게 발생하는 이익충돌의 문제를 예방하기도, 사후적으로 통제하기에도 부족하다. 그래서 외부 규제보다 스스로 단체의 목적과 속성에 맞게 이해충돌에 관한 내부 규정을 마련해 둘 필요가 있다. 이해충돌 규정은 이해충돌 가능성을 미리 공개하고, 이를 통해 사전에 이해충돌을 회피하도록 함으로써 사후적 제재보다는 사전적 예방에 중점을 둔다는 의미가 더 크다. 이를 통해 이사들의 윤리성과 직무수행의 공정성, 의사결정의 합법성을 제고하여 단체의 투명성과 책무성을 확보할 수 있다.

비영리법인 이사의 충실의무를 법적으로 규율하기는 쉽지 않다.「상법」에서는 주식회사의 이사와 회사와의 이익충돌 문제가 예상되는 전형적인 사안들에 관하여 (i) 이사의 경업(경쟁업종) 및 겸직금지(「상법」 제397조), (ii) 이사의 자기거래(「상법」 제398조), 상장회사 주요주주·특수관계인 및 임원에 대한 신용공여 금지(「상법」 제542조의9) 및 (iii) 회사기회유용(제397조의2)에 관한 규정을 두고 있다.[3] 비영리법인은 이사들이 단체의 청지기로서 합리적인 의사결정을 하고, 단체의 사명에 충실하고, 중앙·지방정부의 법규를 따르며, 개인의 이득을 위해서 이사의 지위나 정보를 사용하지 않고, 단체의 이익을 위해 최선의 노력을 다해줄 것을 당위적으로 기대할 뿐이다.

김정연은「비영리법인 이사회의 운영 실태와 개선방안 보고서(2021)」에서 비영리단체에서 이익충돌 문제가 존재한다고 해도, 그로 인하여 취득하는 금전적 대가가 크지 않거나 평판과 같은 비금전적 보상에 그칠 수 있으나, 이러한 행위는 비영리단체에 대한 시민사회의 신뢰를 추락시키고 설립목적에 해가 될 수 있으므로 영리법인에 준하는 엄격한 통제가 요구된다고 주장한다.[4] 좋은 거버넌스는 조직의 인적·물적 특성을 반영하여 구성원들 간의 이해관계를 조정하고, 그 조직의 설립목적을 달성하는 데 적합하게 설계된 구조일 것이다. 이해충돌 문제를 관리하기 위해 단체가 스스로 자율규제에 대한 대책을 마련하거나, 이사의 충실의무를 주의의무에 준용하여 적용하든 '규정의 쓸모'에 대한 단체의 원칙과 합의가 우선되어야 한다.

정책수립

정책 거버넌스

이사회 리더십과 관련해 정책 거버넌스 Policy Governance 모델을 개발해 전 세계로 확산시킨 카버는 "모든 이사회의 활동은 정책에 의해서 결정돼야 한다."라고 말한다. 이사회는 단체가 성장하고 성숙함에 따라 승인된 사업의 수행을 돕기 위해 일련의 정책을 채택함으로써 책임을 다하는 것이다. 이사회가 비교적 활발한 국내 비영리단체에서 '정책 이사회'라는 표현을 쓰는 것을 가끔 들을 수 있다. 정책 거버넌스 체계를 이용하는 이사회가 그렇지 않은 이사회보다 더 효과적이라는 근거나 연구 결과도 없지만, 대부분의 단체도 이사회가 우선해야 할 일이 '정책수립'이라는 것쯤은 알고 있다. 하지만 실제 비영리 이사회에서 '정책수립'만큼 등한시되는 일도 없으며, 이사회 경험이 풍부한 이사 중에는 '정책수립'이 매우 생경한 일로 느껴지는 사람도 엄청 많다.

그러면 이사회가 해야 할 일로서 정책을 수립한다는 것은 구체적으로 뭘 해야 한다는 것일까. 먼저, 정책의 개념을 정리해보면 정책政策은 누구나 알법한 친숙한 용어지만 그만큼 모호하고 포괄적인 단어이기도 하다. 일반적으로 정책이라고 하면 '경제정책', '부동산정책', '복지정책', '교육정책' 등 정부 정책을 떠올리지만, 기업, 비영리단체 등 민간부문에서도 목표 달성의 수단 혹은 당면한 문제를 해결하기 위한 수단으로 정책을 활용한다. 정부 정책은 공공의 이익에 부합하는 목적을 띠고 결정하는 방침으로서 이해관계자들이 복잡하게 얽혀 있어 사회적 갈등과 정치적 과정을 거쳐 집행되며, 권위 있는 정부가 공식적으로 결정한 전략으로서 집행의 강제력을 가진다. 반면, 민간의 정책은 조직의 필요에 의해 자발적으로 자율적으로 만들어져 집행되며 해당 조직의 이해관계자에게 적용되며 유연하다. 예를 들면 비행기 표를 예매하고 취소할 때는 해당 항공사의 환불 정책에 따라 기간별로 환불금액이 달라진다.

비영리 이사회가 수립해야 하는 정책은 단체의 목적과 그것의 달성과 관련된다. 이것은 거버넌스가 무엇을 위해 존재하는지에 대한 것이기도 하다. 모든 이사회는 조직의 목적(사명) 혹은 이익을 위하여 합리적으로 결정하고 조직 운영이 목적에 어긋나지 않도록 제반 사항을 감독하기 위해 존재한다. 이러한 일을 효율적으로 수행하기 위해 정책이라는 기제가 필요하게 되고 이러한 기제는 단체가 무엇을 믿고, 무엇을 지지하며, 무엇을 중요시하는지가 반영된다. 카버는 그의 책『변화를 이끄는 이사회 Boards That Make a Difference』에서 정책 기반 거버넌스를 위한 좀 더 까다로운 체계를 만들려면, 정책이라는 단어에 붙은 느슨한 정의를 피해야 한다고 말하면서 '정책'을 이사회의 가치 및 관점이라고 정의하고 있다. 가치는 '신념'이나 '상대적 중요성'에 함축된 일반적 의미와 같고, 관점은 '바라보는 방식'이나 '처리원칙', '접근법' 혹은 '개념에 관한 시각' 등에 함축된 일반적 의미를 말한다. 가치 및 관점인 정책은 단체의 중요한 문제들을 훨씬 잘 통제할 수 있게 되고, 세세한 것에 신경을 쓰느라 정작 중요한 것을 놓치는 우를 범하지 않아도 된다.

정책수립의 특징

공공정책수립 시 중시되는 특징 중 다음 세 가지는 비영리 이사회 정책수립에도 중요하다. 첫째, 정책수립은 '가치' 지향적 행위이다. 국가가 사회적으로 필요한 가치를 전제로 특정한 목표를 설정하고 문제를 해결하기 위한 실천적이며 의도적인 행동이다. 데이비드 이스턴 David Easton 은 정책을 '사회 전체를 위한 가치의 권위적 배분'이라고 말한다. 어떤 사회문제는 정책으로 선택되지만 어떤 사회문제는 이슈화가 되더라도 정책화되지 않고 버려진다. 또한, 어떤 정책은 국가가 개입하지 않기로, 정책을 세우지 않기로 결정되기도 한다. 정책을 세우지 않는 것도 정책이라고 할 수 있다. 비영리 이사회는 거버넌스의 본질을 고려하여 어떤 정책을 만들지, 정책의 범주에 무엇을 넣을지 뺄지를 결정해야 하며, 이러한 행위는 이사회의 가치와 관점이 담긴 다분히 의도적 행위라고 볼 수 있다. 이사회는 단체가 중요시하는 가치와 신념이 정책에 담길 수 있도록 판단하고 결정해야 한다.

둘째, 정책수립은 목표를 설정하고 목표를 달성하는 일련의 과정이라고 볼 수 있다. 공식화 과정을 통해 표명된 정책은 한 번 수립하여 집행되는 일시적 과정이 아니라 지속적인 수정과 보완의 과정을 거치는 환류적·반복적 과정이다. 비영리 이사회가 정책수립을 할 때 한번 만들어진 정책은 다시 들여다보지 않는 경우가 많다. 이사회 정책설명서나 매뉴얼 등으로 따로 정리해두지 않을 때는 정책이 여기저기 흩어져 있어 어디에 있는지

조차 알지 못한다. 리더십을 발휘하는 도구로서의 정책은 단체의 사업과 사무국의 모든 실천에 자연스럽게 내재화되어 구성원의 행동 기준이 되어야 한다. 그러려면 계획–실행–평가 Plan-Do-See 의 과정이 반복적으로, 주기적으로 이루어지는 동태적 과정이어야 한다. 정책은 소중하게 모셔두어야 할 유물이 아니라 언제나 누구든 꺼내어 보완하고 수정할 수 있는 최신판 위키피디아에 가까운 게 좋다.

셋째, 정책수립은 민주적인 정책 과정이어야 한다. 공공정책의 궁극적 목표는 데이비드 와이머와 에이단 바이닝 David L. Weimer & Aidan R. Vining 의 말처럼 공익 추구와 공공문제 해결을 통한 사회 안정성 확보와 인간의 존엄성 확보이기 때문에 모든 이들의 의견을 최대한 수렴하는 민주적 정책 과정이 되어야 한다.[5] 이때 강조되는 것이 다양한 사회집단이 정책 과정에 참여하여 그들의 목소리를 내는 것이다. 비영리 이사회가 정책수립을 할 때 이사회 스스로가 정책 사안을 제안하고 결정하기보다는 사무국에서 올린 사안을 논의하고 승인하는 형태로 이루어지는 경우가 많다. 비영리단체의 이해관계자는 광범위하고 특정하기 어렵지만, 단체의 목적에 비추어 이사회가 그들의 상황과 이해를 반영하여 정책을 수립해야 한다. 정책수립이 민주적인 과정이 되려면 이사회 스스로가 정책수립이라는 권한을 스스로 포기하지 않아야 하고, 이해관계자의 의견을 반영할 수 있도록 대표성과 다양성을 갖춘 이사회를 구성하는 것이 중요하다.

정책 범주

그렇다면, 비영리단체 이사회는 어떤 정책을 수립해야 할까. 거버넌스는 조직의 의사결정이 이루어지는 구조와 과정을 포괄하는 일련의 체계, 의사결정을 담는 그릇이다. 잘 구조화된 체계를 갖춘 거버넌스가 조직 전체에 적용될 때 조직은 공정하고 투명하게 운영·관리되며, 이사회, 경영진, 사무국은 더 책임 있는 행동을 하게 된다. 이사회 가치와 관점을 담을 수 있는 그릇 안에 무엇을 담을지 결정하는 것부터가 정책수립의 시작이다.

카버는 이사회 정책 범주로 1) 성취해야 할 목적, 2) 경영상의 한계, 3) 경영진에 대한 위임, 4) 이사회 운영 절차 등 네 가지를 고안하였다. 1) 성취해야 할 목적은 단체의 목적으로서 해당 단체가 세상과 주고받는 것을 의미한다. 누구를 위해, 어느 정도 비용 혹은 상대적인 가치를 들여 인간의 어떤 욕구를 충족시킬 것인가에 관한 내용이다. 목적정책은 결과나 서비스 이용자, 비용을 설명해야 하지만, 수단이나 방법, 활동, 구체적인 프로그램은 다루지 않는다. 2) 경영상의 한계는 사무국의 수단 선택을 제한하는 한계에 관한 것이다. 목적을 제외한 나머지, 실행방식과 활동, 환경, 방법 등을 포함한다. 여기에는 실무진에 대한 기대, 즉 단체장과 실무자들이 해도 되는 행동과 하지 말아야 할 행동을 다룬다. 경계선을 규정하는 것이다. 3) 경영진에 대한 위임은 경영진이나 사무국에 권한을 넘기는 방식, 그리고 그 권한을 이용한 성과를 보고받고 평가하는 방식을 말한다. 이사회와 단체장이 어떤 관계인지를 설명하는 것이다. 일반적으로 이사회는 한목소리를 내고, 모든 이사회 권한은 단체장을 통해 위임된다. 4) 이사회 운영 절차는 이사회가 주인을 대변하고, 자체로 활동을 규율하며, 고유의 리더십 업무를 수행하는 방식이다. 이사 개개인과 전체 이사회 행동 기준 그리고 이사회를 운영하는 방식을 설명한다. 이사회의 지휘방식, 이사장의 역할, 이사의 행동, 위원회의 용도를 명확히 밝힌다. 이러한 네 가지 범주는 굉장히 보편적이고 포괄적이어서 이사회가 해야 할 정책수립의 모든 것을 망라하고 있다고 볼 수 있다. 이사회는 자신들의 가치와 관점에 따라 네 가지 범주를 그릇에 모두 담을 수 있고 우선순위를 둘 수도 있다.

『굿 거버넌스, 어떻게 할 것인가 Maximizing Board Effectiveness』의 저자 제임스 갤빈 James C. Galvin 은 카버가 제안한 정책 범주를 풋볼경기장 도표에 비유했다. '목적에 관한 정책'은 엔드 존 End Zone(경기장 양 끝의 골라인과 엔드라인 사이의 구역으로 여기에 공을 가지고 들어가면 터치다운이 됨)으로, '제한정책'은 단체장과 실무진이 넘지 말아야 할 경계선으로 묘사한다. 이사회는 이 두 가지 정책 항목으로 단체를 통제한다. 이사회는 목적과 한계를 명확히 밝힌 뒤, 경계선을 넘지 않는 선에서 엔드 존을 향해 진행 중인 운영상의 모든 결정은 이사회 사전 승인이 자동으로 이루어진 것이라고 단체장에게 알린다. 이는 단체장과 실무진에게 자율권을 부여하는 것이다. 경기장 도표에서 이사회는 스위트룸 좌석에 앉아 경기장에서 일어나는 일을 전부 볼 수 있다. 스위트룸에 앉아 있는 사람에게도 함성 금지, 욕설 금지 등 지켜야 할 규칙이 필요하고 이러한 규칙은 '이사회 운영 절차 정책'과 같다. 스위트룸 좌석에는 코치가 끼고 있는 헤드셋과 연결되는 전화기가 있다. 경기장 상황을 코치에게 알릴뿐이지 특정 선수를 경기에 투입하기 위해 허가를 요청하는 것이 아니다. 이는 이사회가 단체장에게 자율권을 주는 동시에 책임을 묻는 방식을 보여주는 '이사회와 단체장의 관계에 관한 정책'과 같다. 이사회가 해야 할 역할과 책임에는 '정책수립'만 있는 것은 아니다. 재정감독도 해야 하고 기금모금도 해야 하고 자원 연계도 해야 한다. 하지만 풋볼경기장 비유처럼 이사회가 해야 할 모든 역할과 책임에 대한 큰 그림이 네 가지 범주에 담겨 있다.

전략기획

이사회가 해야 할 역할과 책임으로 '정책수립'만으로 충분하지 않을 때가 있다. 정책수립은 가치와 관점이 담긴 기준을 마련하는 것이라면, 전략기획은 단체가 사명과 비전을 달성하기 위해 앞으로 나아가기 위한 길을 마련하는 것과 같다. 전략기획은 이사회의 역할인지 실무진의 역할인지 모호할 때가 있다. 이사회가 적극적으로 전략을 개발하고 의견을 개진하기를 원하는 단체가 있고, 항상 그래왔듯이 실무진이 세운 전략 계획안을 이사회가 검토하고 승인하는 수준에서의 관여만을 원하는 단체가 있다. 이사회와 실무진과의 협력적 관계가 잘 형성되어 있는 단체라면 전략 수립 초기 단계부터 이사회와 실무진이 소위원회 혹은 TFT Task Force Team 를 구성하여 새로운 전략을 함께 구상할 수도 있다. 단체가 처한 환경과 상황에 따라 다를 수 있지만 이사회가 전략기획에 참여함으로써 단체에 이바지할 수 있는 잠재력은 매우 크다.

전략에 대한 오해

영리, 비영리를 떠나 모든 조직은 한정된 자원을 효과적으로 사용해서 최대의 성과를 얻어야 하고 성과를 달성하기 위해서는 전략이 필요하다. 너 죽고 나 살기 게임 전략, 노른자만 빼먹는 전략, 세속적 탐욕을 추구하는 잘 짜인 각본 등 전략에 대한 스테레오타입은 비영리단체에서 전략을 논하는 것을 불편하게 한다. 모든 전략이 넷플릭스 드라마 <오징어 게임>이나 의자 앉기 게임처럼 한정된 자원을 놓고 수단과 방법을 가리지 않고 피 터지게 싸우는 경쟁을 전제로 하지 않는다. 알피 콘 Alfie Kohn 은 그의 저서 『경쟁을 넘어서 No Contest : The Case Against Competition』에서 인간의 경쟁을 구조적 경쟁과 의도적 경쟁으로 구분하였다. 구조적 경쟁은 승패의 구조와 관계가 있고 외부적인 것인 데 반하여, 의도적 경쟁은 내부적이며 더 잘하고자 하는 개인의 내적 동기, 태도에 관한 것이다. 비영리단체에서 전략은 의도적 경쟁에 가까운 전략으로 목표를 달성하기 위한 효과적인 방법을 찾는 것, 즉 옳은 일을 어떻게 하면 더 잘할 수 있을까에 대한 것이다.

최근에는 경영학계에서조차 전략을 경쟁우위, 목적을 달성하는 수단의 한정된 의미로 보지 않고 통합적으로 이해하고 있다. 기업에 어떠한 사람들이 있고 또 있어야 하는가 그리고 기업은 어떤 성격을 띠고 또 띠어야 하는가를 정의하는 목표 Objectives 와 목적 Purposes or Goals , 그리고 그러한 목적을 달성하기 위한 주요 정책 Policies 과 계획 Plan 의 형태로 정의한다. 나아가 이해관계자 경영의 중요성이 대두되면서 기업의 역할과 책임을 강조하고, 사회적 가치를 추구하는 전략, 지속가능한 전략이 확산하고 있다.

계획 Plan 말고 기획 Planning

이사회가 전략기획에 관여할 때 주의해야 할 부분이 있다. 이사회는 전략계획이 아니라 전략기획을 해야 한다는 것이다. 계획 Plan 과 기획 Planning 의 가장 큰 차이는 '~ing'에 있다. 기획은 계획에서 나온 동사적 명사로, 라틴어 'Planum'에서 유래하여 '평평한 면에 그림을 그리다'라는 뜻을 가진다. 매년 새해가 되면 사람들은 새해 결심을 다이어리에 빼곡히 채운다. 매일 1시간 운동하기, 자격증 따기, 5kg 살 빼기, 1주에 1권 책 읽기, 금연하기, 스마트폰 사용 시간 줄이기 등등. 그러나 슬픈 예감은 틀리지 않는다. 야심 찬 새해 결심들은 아무런 성과 없이 다음 해 새해 결심 목록에 다시 그대로 올라가게 된다.

기획은 바라는 것을 이루기 위해 계획을 세우고 실행하고 평가하는 행위를 말한다. 기획은 일회적인 것이 아니라 지속해서 이루어지는 과정이다. 기획은 한번 작성해놓고 들여다보지 않는 계획과 달리 실행과 평가를 통해 계속해서 살아 움직이는 동태적 과정이다. 새해 결심이 계획이 아니라 기획이 되려면 실행과 평가가 수반되어야 한다.

이사회의 전략기획은 마케팅, 홍보, 인사, 회계 등 사업부서 단위의 기능별 전략은 실무진에게 맡기고, 한 차원 높은 수준의 전략을 책임져야 한다. 공동체에서 우리 단체의 역할은 무엇인가, 우리는 누구를 혹은 무엇을 대변하는가, 우리는 무엇을 성취하고자 하는가, 무엇을 어떻게 성취해야 하는가에 대한 것이다. 조직의 방향타를 결정하고 결정된 사항을 바탕으로 실행이 잘 이루어졌는지, 성과를 달성했는지 이행을 관리하고 책임지는 일이 포함된다.

메타 결정

사실 비영리단체의 전략기획 기능은 매우 취약하다. 2000년대 이후 시민단체가 양적, 질적으로 성장하면서 단체의 운영 문제에 대한 관심이 많이 높아졌지만, 현장에서는 여전히 단체의 목적과 직결되는 '운동', '활동', '사업'을 중심으로 단체가 돌아간다. 활동이 잘 돌아가도록 뒷받침하는 경영기능은 부수적인 것으로 취급되는 경향이 있다. 단체의 시간과 돈, 인력을 당장 사업실행에 투입하기에도 부족한데 전략기획처럼 장기적이고 지속적인 행위에 할애할 여유가 없다. 더욱이 실무진은 자신이 맡은 사업에 몰두하다 보면 해당 의제에 대한 전문성은 높지만, 실제 변화하는 내외부 환경에 대한 민감도와 대응력은 떨어진다. 많은 단체가 사명과 비전과 같은 목적지는 있지만 그 목적지에 도달하기 위한 전략은 없다.

비영리단체의 이사회는 전략기획에 적절히 참여함으로써 단체의 사명

달성과 성과 향상에 도움을 줄 수 있다. 이사회에는 학계, 경영계 등 사회 각계각층의 명망가와 전문가들이 포진해 있고, 이들은 누구보다도 변화의 흐름을 잘 포착하고 대응하고 있는 사람들이다. 이사회의 전략기획은 무엇을 결정할지를 결정하는 '메타 결정 Meta Decision Making'을 하는 것이다. 사회 전반적으로 불확실성이 높아진 상황에서 전략적 선택이 어떠한 결과를 가져올지 예측할 수 없다. 그런데도 리더는 선택해야만 한다. 생태계 전체를 조망하며 큰 그림, 큰 시야를 가지고 단체가 꼭 해야 할 것과 하지 말아야 할 것을 선택하는 일을 이사회가 해야 한다. 노련한 운전자처럼 넓은 시야를 확보하고, 위협에 미리 대응하면서 최적의 길을 안전하게 운행해야 한다. 이사회는 해결책을 내놓는 곳이 아니라 명확한 방향성을 제시하는 곳이다.

재정관리와 감독

이사회의 기본 임무

이사회는 모든 재무 활동을 신중하게 관리하고 감독해야 할 수탁자의 책임이 있다. 모든 이사회의 기본 임무라고 할 수 있다. 많은 비영리단체 스캔들은 재정 투명성과 관련하여 발생한다. 오랫동안 쌓아 온 단체의 명성이 하루아침에 무너지는 일이 비일비재하다. 이사회는 재정과 관련한 선한 청지기로서 단체의 이익을 최우선으로 돌볼 책임이 있는 수탁자의 의무를 다해야 한다. 이사들은 단체의 재정과 관련해서 문제가 생겨도 자신이 직접 잘못을 저지른 게 아니기 때문에 법적 책임으로부터 자유롭다고 생각하는 경향이 있다. 하지만 이사가 잘못된 재무 정보를 제공했거나,

잘못된 판단을 해서 재산상의 손실을 입히는 등 재정적인 문제에서 부주의했다는 증거가 있다면 이사는 법적 책임을 질 수 있다.

이사회는 이사회의 역할과 책임 중 단체의 재정에 각별히 신경을 써야 한다. 이사회는 재무 보고서를 회의 때 두툼한 사업보고서 뒤에 첨부하는 서류 정도로 취급해서는 안 된다. 재무 보고서를 분석하는 것은 조직이 얼마나 건전한지 살피고 단체와 이해관계자의 이익을 보호하는 일이다. 이사회는 재정적 책임으로서 예산을 수립하고 승인하며 감독하는 책임을 진다.

예산 수립

단체의 예산을 수립하는 것은 재무계획이기도 하지만 조직의 전체 계획 수립에 중요한 부문이다. 수입과 지출을 정하는 것은 단순히 숫자놀음이 아니라 단체가 무엇을 하는지, 무엇을 우선시하는지를 보여주는 단체의 목적과 가치를 반영하는 일이기도 하다. 재무제표에는 단체에 대한 많은 정보가 담겨 있다. 수입 항목에 정부 보조금이나 기업 후원금이 없다면 정부와 기업을 감시하는 자신들의 목적에 충실하기 위해 일부러 외부 후원금을 받지 않는 애드보커시 단체일 수 있다. 사회복지 목적의 비영리단체 수입은 정부로부터의 수입이 절대 비중을 차지하고 있다. 지출 항목에 사업비 외 행정비, 운영비, 모금조성 비용 등의 비중을 어느 정도로 할지 결정하는 것은 민감한 문제이다.

기부문화가 보편화된 미국에서 비영리단체들은 예산의 80%는 사업비에 쓰고, 20% 정도를 행정 및 운영비에 사용한다. 국내 공익법인은 공익목적사업비용 안에 사업수행 비용, 일반관리비용, 모금 비용 등이 포함되어 있지만, 인건비를 사업비가 아니라 운영비에 포함시켜서 보는 경우 전체

당연한 판결 : 비영리단체 인건비는 사업비

◑ 행정기관 내부 기준 근거로 단체 직원(연구자) 정수승인신청 거부 적법한가?

주무관청은 "공익법인의 상근임직원의 인건비는 운용소득의 20% 이내로 제한되어야 한다."는 내부 기준을 이유로 들며 독립운동가와 친일 역사를 규명하는 공익사단법인의 연구자 직원 정수 승인을 거부했다. 연구원 인건비 지급을 위한 기부회원들의 기부금 사용도 동결시켜 기부금이 쌓여 있음에도 임금을 지급할 수 없는 상황이 수개월째 이어졌다. 공익법인은 주무관청을 설득하기 위해 갖은 노력을 다하였으나 소용이 없었다. 결국 처분을 다투는 행정 소송을 진행했고, 1년여 기간을 다툰 끝에 지난 12월 법원은 공익법인의 손을 들어주는 판결을 내렸다. 주무관청의 상근임직원 정수승인신청 반려처분을 취소한다는 판결이 확정된 것이다.

주무관청은 행정기관 내부의 사무처리 기준에 따라 처분한 것이지만, 서울행정법원은 처분의 적법 여부는 내부 기준에 적합한 것인가 여부에 따라 판단할 것이 아니라 **법 규정 및 그 취지에 적합한 것인가에 따라 판단하여야** 함을 분명히 하였다. 서울행정법원은 "원고와 같은 학술연구단체는 인건비가 사업수행비용에서 중요한 비중을 차지할 수밖에 없고, 연구자들은 원고의 목적사업인 학술에 관한 사업을 직접 수행하는 데 필요불가결한 인력이며, 기부금으로 연구자들에게 **인건비를 지급하는 것은 원고의 공익목적 사업 자체에 직접 사용하는 경우에 해당한다.** 피고의 반려처분으로 원고의 사적 자치 또는 자율적인 법인 운영이 지나치게 제한되고, 공익상 필요에 비해 원고의 불이익이 과도하다."고 하여 **주무관청의 위법한 처분을 취소하는** 판결을 하였다(서울행정법원 2021구합68551 사건).

* 이희숙, "비영리의 인건비는 '사업비'다" 법원 판결이 불러올 나비효과는? (더나은미래, 2023.02.01.)

◑ 목적사업 수행을 위한 인건비가 기부금품모집법상 모집비용에 해당하는가?

2019년 시민사회에서 우려와 관심이 집중됐던 한 비영리단체의 횡령 관련 사건이 있었다. 1, 2심에서 유죄판결을 받은 A연맹의 회비 유용사건이었다. 이 단체는 소외 계층을 위한 무료급식 사업 등을 목적으로 기부금품 모집 등록을 했다. 이 단체의 B사무총장은 재직 당시인 2013년 8월부터 2018년 7월까지 약 5년간 모집된 기부금품의 15%를 초과해 홍보비와 인건비 등 모집비용으로 사용하고, 또 같은 기간 644차례에 걸쳐 기부금품 중 1억 8,100여만 원을 경조사비 등 **모집목**

예산에서 운영비 비중이 커 보이게 된다. 기부자들은 자신이 낸 후원금이 대상자들에게 모두 전달되기를 원하며, 기부금 중에 일부가 인건비, 운영비에 쓰인다는 것을 알게 되면 화들짝 놀라곤 한다. 심지어 선한 일을 하는 사람들이 기부금을 유용하기라도 한 것처럼 분노하고 비윤리적이라고 비난하기도 한다. 선한 일을 제대로 하려면 전문성이 필요하고, 자격을 갖춘 인력이 투입되어야 하며, 이에 따른 노동에 대한 대가를 지급하는 것은 극히 상식적인 일이다. 운영비가 낮은 것이 반드시 단체의 투명성을 보장하는 것이 아님을 알아야 한다.

　비영리단체 활동가 중에는 무급으로 봉사하는 자원봉사자도 있지만, 대부분 공익활동에 필요한 전문성을 가지고 사업을 기획하고 운영하는 직업 활동가들이다. 조직이 움직이고 일하려면 인건비, 운영비가 필요한 것은 당연하다. 아프리카 빈곤 아동들에게 후원금과 물품을 전달하기 위해 현지를 방문해야 하는 비영리단체 활동가는 가랑잎 타고 인도양을 건널 수 없다. 비행기도 타야 하고, 현지에서 숙박, 식사, 이동을 위한 비용이 필요하다. 사람들은 계획이 실행되려면 돈이 필요하다는 사실을 유독 비영리단체에 적용하기는 꺼린다. 이사회는 단체의 목적, 사회적 정서, 이해관계자의 의견, 그리고 단체의 지속가능성 등을 종합적으로 판단하여 예산계획을 수립해야 한다.

예산 승인 및 감독

이사회는 예산을 수립하는 것으로 임무가 끝나지 않고, 예산을 승인하고 감독하는 책임까지 져야 한다. 이사회는 수립된 예산계획이 현실적으로 실행 가능한지 꼼꼼히 따져보고 신중하게 승인해야 한다. 예산계획을 뒷받침할 수 있는 자원 조달 계획도 없이 예산을 무조건 승인해주는 것은 무책임한 일이다. 또한, 단체의 일상적인 재무관리는 경영진에서 하지만 이사회는 경영진이 재무관리를 잘하는지 성실히 감시해야 한다. 주요 재무제표 및 회계 사항을 점검하고, 내부 결정 사항과 법규 준수 여부, 회계가 정확하게 보고되고 기록되고 공개되는지를 감시하여야 한다. 비영리단체의 재무, 회계는 단체의 법적 성격, 주무부처, 단체 규모에 따라 관리 수준이 매우 다르다. 전문가인 회계사라도 비영리를 잘 모를 때에는 명쾌한 답변을 얻기 어렵다. 더 심각한 것은 단체의 미션, 공익적 사업에 집중하는 비영리단체의 특성상 회계, 법적 규제, 세금 문제 등 재무 투명성 이슈에 둔감하다는 것이다.

법적 규제로부터 자유로운 대부분의 단체는 단식부기를 사용하고 있고, 규모가 큰 대형단체 중에서도 복식부기 방식으로 장부를 기장하지 않는 곳도 있다. 대부분의 비영리 윤리적 스캔들이 재정 투명성과 관련하여 발생하고 있는 이유이기도 하다. "잘 몰라서"라는 어설픈 변명을 대중은 이해하지 못하겠지만, 비영리단체 종사자들은 그게 진심일 수 있음을 안다.

물론 국세청 공시, 공익법인 회계기준은 모두 복식부기를 기본으로 하고 있고, 100억 이상 규모의 비영리단체들은 외부 회계감사를 의무사항으로 규정하고 있다. 비영리 이사회는 단체의 느슨한 재무관리 인식의 고삐를 당기고, 몰라서 못하는 일이 생기지 않도록 구멍을 메워야 한다. 재정문제로 발생할 수 있는 위기관리를 위한 환경 및 체제를 갖추는 것도 이사회의 역할이다.

숫자를 싫어하는 비영리 이사회

재무와 관련된 문제는 전문성이 필요한 부분이어서 일반 이사들이 재무보고서를 보고도 제대로 문제점을 파악하지 못할 수 있다. 회계감사가 따로 있지만 회의 때마다 회계사를 부를 수는 없는 일이다. 회계 담당 직원과 이사로 구성된 소위원회를 만들어 복잡한 문제는 위임할 수도 있다. 하지만 이런 경우 다수의 이사는 단체의 재무 상황에 대해 잘 알지 못하게 되고 제대로 재정 책임을 수행할 수 없다. 이사 중 회계전문가를 1명쯤 두면 재무 관련 사안을 논의할 때 정확한 정보와 근거에 기반해서 의사결정의 질과 속도가 빨라질 수 있다. 하지만 모든 단체가 회계전문가를 이사로 둘 여력이 있는 것은 아니다.

가능하다면 이사들에게 재무회계에 관한 교육 기회를 제공하라. 비영리단체는 신기하게도 실무자도 이사도 숫자를 싫어하는 경향이 있다. 아무리 숫자에 약하고 숫자를 피하고 싶어도 이사는 재무에 관심을 가져야 하는 자리이다. 바쁜 이사들이 따로 시간을 내기 어려우니 이사회 회의 전후로 1시간 정도 교육 기회를 마련해 서너 차례 교육을 받게 하면 전문가 수준은 아니지만 적어도 재무제표는 읽을 수 있게 될 것이다.

기금모금

3W를 3G하라

몇 년 전 사업감사를 맡고 단체 이사회 첫 정기회의 자리에 참석한 적이 있다. 그 자리에는 새로 임명받고 이사회에 참석한 신임이사들도 있었다. 공동대표 중 한 분께서 신임이사들에게 "많이 기부하든가, 많이 기여하든가" 둘 중의 하나는 하라고 말씀하셨다. 이사회 첫 자리인만큼 다소 긴장도 했던 터라 그 얘기가 불편하게 들렸다. 회의장을 둘러보니 연임 이사들은 여유로운 표정이셨지만 나를 포함해 신임이사들은 잔뜩 굳은 표정이셨다. 기부도 기여도 자신 없는데 그럼 지금이라도 이사직을 거절해야 할까.

많은 이사가 꺼리는 활동이 기금모금이다. 자원 조달은 부담스럽지만, 이사회의 중요한 역할 중 하나다. 이사는 3W Wealth, Work, Wisdom(부, 전문성, 지혜)를 3G Give, Get, Get off(기부하고, 후원을 모아오시오! 만약 그렇지 않으면 사임하시오.) 해야 한다는 말이 있다. 공동대표님의 얘기가 핵심을 제대로 짚었다. 당시에는 듣기 불편했어도 이사회가 뭘 하는 곳인지 제대로 가르쳐준 것이다. 이 정도는 귀여운 수준이다. 풀러 신학교 재단 이사회에서 총장이 이사들에게 요구하는 기여 수준은 너무 솔직하고 대담해서 혀를 내두를 만하다.

기금모금 참여 요청

이사회는 사교모임이나 실무자들을 격려하는 자리가 아니라 자신의 지식, 노동, 시간을 투자해 봉사하고 헌신하는 자리이다. 모금이 필요한 사업을 승인하고, 모금액의 규모와 모금방식을 설정하며, 모금액이 달성될 수 있도록 직접 후원하거나 후원이 가능한 사회적 관계를 연결하는 일을 한다. 하지만 해야 할 일을 알아서 스스로 하는 이사는 극히 소수에 불과하다.

이사회가 모금에서 제대로 역할을 하게 하려면 사무국의 노력이 절대적으로 필요하다. 한국의 정서상 무언가를 요청하는 것을 단체 실무자가 꺼리기도 하고, 이사들에게 과도한 부담을 주는 것은 아닌지 우려가 앞서 막상 이사들에게 말을 꺼내 보지도 못하는 경우가 많다. 반대로, 이사 중에는 모금요청을 받아보지 못해서 기여하지 못할 수도 있다. 본인이 거액을 단체에 쾌척하지는 못하지만 재산 수준에 맞는 기부 의사를 가진 이사도 있고, 자신은 기부를 할 수 있는 여건이 안 되지만 기부할 수 있는 네트워크를 알고 있어 연결해 줄 수 있는 이사도 있다. "구하라! 그러면 너희에게 주실 것이요. 찾으라! 그러면 찾을 것이요. 문을 두드리라! 그러면 너희에게 열릴 것이니(마태복음 7장 7절)." 불신자들조차 익히 알고 있는 성경 말씀이다. 이사들이 단체의 재정에 대해 고민하고 책임지는 자리로 나올 수 있도록 그들을 초대하자. 이사회는 다음과 같은 방법으로 기금모금에 참여할 수 있다.

① 단체에 직접 후원한다.

② 이사회비 혹은 정기후원회원 회비를 성실하게 납부한다.

③ 모금 관련 소위원회에 참가한다.

④ 주변 지인에게 직접 모금을 요청한다.

⑤ 주변에 단체를 소개한다.

⑥ 단체에 잠재적 후원자를 개인적으로 소개해준다.

⑦ 단체 행사에 잠재적 후원자를 초대하여 후원을 유도한다.

⑧ 잠재적 후원자 명단을 제공한다.

⑨ 모금을 위해 단체에서 이사 개인 이름을 사용하는 것을 허락한다.

⑩ 최근 후원자에 대한 감사 표시(전화, 이메일, 편지, 작은 선물 등)를 전한다.

(사)사교육걱정없는세상 "우리는 당신이 필요하다"

사단법인 사교육걱정없는세상(이하 사교육걱정)은 재정위원회를 구성하여 운영하고 있다. 재정위원회는 이사회에서 추천된 4명의 이사, 자문위원이 함께 월 1회 단체의 모금과 재정 전반을 논의하는 자리이다. 코로나가 닥친 2020~21년 많은 비영리단체가 모금액의 하락세를 경험하였고, 사교육걱정도 상당 폭의 모금액 감소가 있었다.

대표는 재정위원회를 열고 단체의 재정에 대한 구체적인 정보를 이사들과 공유하고 사무국이 겪고 있는 위기와 해결을 위한 노력, 그리고 이 위기 속에서도 단체가 만들어가고 있는 의미 있는 변화를 솔직하게 나누었다. 대표는 모금의 필요를 솔직하게 요청했고, 사무국의 진정성 있는 소통의 노력에 이사들도 화답했다. 이후 이어진 토론의 과정에서 이사들은 "우리 단체의 재정문제를 해결하려면 나는 무엇을 해야 할까?"를 진지하게 이야기하고 구체적 실천 방안을 마련했다. 단체에서 가장 필요한 모금을 함께 책임지겠다는 결단을 한 것이다.

* 서현선, '비영리 이사회와 모금', 〈비영리거버넌스인사이드〉 2021여름호

사무국에서 이사들에게 단체 미션과 사업, 모금 필요성에 대해 솔직하게 그리고 당당하게 대화를 나눌 때 막막했던 길이 의외로 쉽게 열릴 수 있다. (사)사교육걱정없는세상은 코로나19로 모금액이 감소했을 때 재정위원회를 열고 이사들과 정보를 공유하고 모금의 필요를 솔직하게 요청하였다. 이사들은 대표의 진솔한 이야기에 깊이 있게 공감하였고 함께 책임지겠다는 결단을 하였다. "우리는 당신이 필요하다."라고 용기 내어 얘기해 보자.

최고경영자 선발 및 평가

비영리단체는 경영책임자인 최고경영자를 규율할 제도가 미흡하며, 거의 유일한 제도가 이사회이다. 좋은 이사회는 최고경영자를 감독하고 돌보는 책임을 진다. 최고경영자를 임명하고, 업무를 위임하고, 업무를 잘 수행하는지 감독하며, 성과를 평가한다. 이사회가 맡은 가장 중요한 업무가 바로 최고경영자를 선택하는 일이라는 말조차 있다.

복잡한 호칭과 권한

비영리단체에서 이사회가 선발해야 할 최고경영자는 실무책임을 맡은 'ED Executive Director' 혹은 경영진을 대표하는 'CEO Chief Executive Director'라고 할 수 있다. 이사장 및 이사회의 위임을 받아 사무국의 주요 업무를 총괄한다. 비영리단체에서는 CEO라는 호칭보다는 '회장', '대표', '사무총^(국)장', '상임이사', '본부장' 등의 호칭을 더 많이 사용한다. 어떤 단체는 실무책임자인 회장이 이사회 의장까지 겸직하는 경우가 있고, 어떤 단체는 회장, 대표, 사무총장 등 실무책임자가 이사회 당연직 이사를 맡지만, 의장은 겸직하지 않는 예도 있다. 거버넌스에 있어 적정한 균형과 견제를 위해 호칭이 무엇이든 실질적인 최고경영자의 이사장 겸직은 신중하게 결정해야 할 부분이다.

이것은 기업도 비슷한 양상을 보인다. 한국 기업들이 많이 쓰는 대표이사 Representative Director 라는 직책은 영미법에서는 존재하지 않는다. 이사 개인이 회사를 대표할 권리가 없기 때문이다. 한국 상법상의 대표이사의 권한과 권위를 보여주려면 CEO를 붙여주는 것이 바람직하고, 권한보다는 이사들의 대표라는 의미를 부각하려면 'Chairman'[6]이 더 적합하다. 미국에서는 최고경영자 사장직과 함께 의장까지 겸직하여 'Chairman, President & CEO'라는 직함을 사용하는 경우도 쉽게 찾아볼 수 있다. 영국의 경우 회장이 CEO를 겸직하지 못하도록 법적으로 규제하고 있다. 구글의 에릭 슈미트의 경우 'Executive Chairman'이라는 직책을 통해 여느 이사와 같이 단지 표결권을 가진 이사회 의장이 아닌, 실제 경영에 관여하는 우리나라의 회장과 비슷한 권한을 가지는 직책을 맡고 있기도 하다. 우리나라 대기업 회장은 대표이사(실제적으로는 CEO)와 Chairman을 겸하며 막강한 권한을 가진다. 국내 상장기업 38%만이 대표이사와 이사회 의장이 분리되어 있

- CEO(Chief Executive Director) 최고경영자 : 실무책임을 맡은 대표, 최고책임자
- Chairman 의장/이사장 : 이사회나 이사를 지휘하는 사람, 이사들의 대표
- President 사장/부서장 : 각 사업 부문별 진행 상황을 CEO에게 보고하고 지시와 감독을 받는 집행임원, COO(Chief Operating Officer)의 직책 수행
- Representative Director 대표이사 : 이사 중에서 회사를 대표하는 지위에 있는 이사(회사법상 법률용어로 특정 회사를 대표하는 기관)

다. 대표이사가 이사회의 의장을 겸직하지 아니하는 경우가 다국적 기업 등 큰 회사의 경우는 더 일반적이라고 할 수 있다.[7]

최고경영자 승계계획

이사회는 최고경영자 선발을 위해 승계계획을 철저히 마련해 두어야 한다. 갑작스러운 최고경영자 위험으로 인한 유보사태, 최고경영자 승계 과정에서의 조직 내 갈등, 최고경영자 선발기준 부재 등 승계계획을 마련해 두지 않는 경우 조직은 경영 공백으로 혼란과 어려움에 휘청거리게 된다. 최고경영자 선발은 거버넌스의 투명성에 있어 중요한 이슈이다. 공기업이나 은행의 경우 낙하산 인사가 문제가 되고, 기업들은 대물림식 승계로 지분확보를 위한 불법이 자행되고 '왕자의 난'이라 불리는 가족들 간의 지분확보 싸움이 치열하다. 엄격한 자격 검증과 투명한 선발 절차를 거칠수록 유능하고 올바른 최고경영자가 나오고 조직의 거버넌스도 건강해진다.

공익적 목적을 가지고 선한 일을 하는 비영리단체라고 최고경영자 선발 과정에 문제가 없을 거라는 생각은 큰 오산이다. 학교법인, 의료법인, 사회복지법인 등에서 폐쇄적인 가족경영과 대물림식 승계가 만연하다. 1977년 구호금 및 원생 생계비 횡령 사건으로 세상을 떠들썩하게 했던 부산지역 모자복지시설 원장 이모 씨는 사건 발생 후에도 약 13년간 시설에서 원장직을 유지했으며, 또 한 번의 횡령 사건을 일으키기 전까지 무려 34년간 원장으로 일했다. 당시 논란을 일으켰던 시설 8곳 중 6곳이 아직도 그대로 운영을 이어가고 있다.

문제가 가장 심각한 곳은 교회이다. 국내 대표적 대형 교회인 명성교회의 담임목사 '부자 세습'은 세상의 빛이 되어야 할 교회가 오히려 사회문제가 되어 비판의 대상이 되고 있다. 2019년 <시사저널>이 세습교회 명단에 오른 158개 교회를 분석한 결과에 따르면, 158개 교회 중 102개 교회가 2010년대 들어 세습하였고, 이 중 명성교회, 광림교회, 금란교회, 서울성락교회 등 교인이 1,000명 이상인 교회가 53개에 이른다. 2010년은 1980~90년대 교회 부흥을 이끌었던 중대형 교회 목사들이 대거 은퇴에 나선 시기로 세대교체 시점과 맞물렸다는 분석이다. '직계 세습'이 주를 이루지만 세습금지법을 도입한 교단이 세습 불가 방침을 공표하자 '변칙 세습'이 늘고 있다. 아버지가 개척한 여러 교회 중 하나를 자녀 목사에게 맡겨 외형적으로 직접 세습 형태를 띠지 않지만, 어느 정도 시간이 흘러 합병과 같은 절차를 거치면 사실상 직접 세습과 다를 바 없게 된다. 기업의 M&A와 유사해 합병세습, 통합세습이라고도 불린다.

비영리단체 이사회는 단체 현안을 논의하느라 정작 승계계획은 뒷전으로 밀리고 최고경영자의 임기종료까지도 대책을 세우지 못해 직무대행 체제로 유지되는 경우가 있다. 승계계획에는 최고경영자를 선발하는 것뿐만 아니라 이들을 준비시키고 단체에 잘 적응할 수 있도록 돕는 사후 과정까지도 포함되어야 한다.

월마트의 리 스콧 H. Lee Scott, Jr. 사장은 2001년 3월 27일 <월스트리트저널>과의 인터뷰에서 "월마트의 성공적인 CEO 승계 5대 비결"을 소개했다. 첫째, CEO 후보들을 선발한 뒤 여러 분야를 경험시켜라. 전임 CEO였던 글래스는 퇴임 5년 전부터 후보자들을 선별, 다양한 분야의 일을 맡기면서 경영자 훈련을 시켰다. 둘째, CEO 후보들을 이사회와 최대한 많이 접촉시켜라. 이사회가 원하는 리더십, 기업의 방향이 무엇인지 일찍부터 깨닫고 이에 대해 준비할 수 있도록 하기 위해서다. 셋째, 전임 CEO와 충분한 대화를 나눠라. 글래스는 CEO 퇴임 전후에 오랜 승계 기간을 갖고 스콧 사장과 끊임없이 대화했다. 서로의 장단점, 예상되는 문제점을 짚어본 덕분에 승계에 따른 충격을 최소화할 수 있었다. 넷째, 부하 직원들로부터 보고 받을 때는 CEO의 책상이 아닌 편한 장소를 택하라. 스콧 사장은 취임 초기 CEO 책상에 앉아서 딱딱하게 보고받는 일을 피했다. 부하 직원들이 긴장을 풀고 편하게 새 CEO를 맞이할 수 있도록 배려한 것이다. 다섯째, 겸손하라. 명령만 내리면 모든 일이 이뤄질 것으로 생각하면 큰 오산이다. 직원들을 통하지 않고는 아무 일도 이룰 수 없다.

성공적인 승계계획

1. 최고경영자 후보를 선발하여 여러 분야를 경험시켜라
2. 최고경영자 후보를 이사회와 최대한 많이 접촉시켜라
3. 전임 최고경영자와 충분히 대화를 나눠라
4. 직원이 최고경영자 후보를 맞이할 수 있도록 배려하라
5. 겸손하라

최고경영자 승계 규정

최고경영자 승계계획을 포함한 승계 규정을 만드는 것이 이사회의 일이다. 승계 규정의 목적, 최고경영자의 자격요건 및 자격검증, 승계 절차 개시 사유(퇴임, 유고 등) 및 시기, 승계 절차, 비상시 계획, 최고경영자 후보군 관리 및 교육, 승계 관련 실무 주관부서, 후보추천위원회 등을 명시해야 한다. 기업이든 비영리단체든 최고경영자 승계계획에 있어 이사회가 충분히 준비된 곳은 많지 않다. 이것보다 더 심각한 문제는 역할을 수행할 적임자를 찾지 못하는 것이다. 기업의 CEO들은 건강상의 이유, 실적 저조, 임기 종료 등 다양한 이유로 은퇴나 사퇴, 해임하며 매년 10~15%의 기업이

CEO를 새로 지명해야 한다. 비영리단체의 최고경영자들은 실적압박이나 조직 내 정치로부터의 압력이 높지 않으며, 대체로 무난하게 임기를 마무리하는 경우가 많다. 그래서 한 번 임명된 최고경영자는 장기간 실무책임을 맡게 되고, 최고경영자 퇴임 후 리더십 공백은 더욱 클 수밖에 없다.

최고경영자 승계계획은 퇴임 3개월 전 속성으로 이루어지는 단기계획이 아니라 임기 내내 준비해야 하는 장기계획이다. 후보추천위원회를 통해 후보군을 구성하여 개별적으로 충분히 대화하며 적합한 후보를 걸러가야 한다. 단체의 목적과 가치에 부합하는 후보를 발굴하고, 리더십, 의사소통, 문제해결 능력 등 최고경영자가 지녀야 할 자질을 파악하며, 단체를 경험할 다양한 기회를 제공하면서 공을 들여야 한다. 시간과 노력이 많이 들어가는 일이지만 해야만 하는 일이고 가치 있는 일이다.

최고경영자 평가

이사회는 승계 규정에 따라 최고경영자를 임명하였다면 최고경영자에게 사무국에 대한 실무책임을 위임하고 업무를 잘 수행하는지 감독하며 성과를 평가해야 한다. 비영리단체 이사회에서 최고경영자 평가를 제대로 하는 곳을 좀처럼 찾기 힘들다. 기업은 재무적 성과, 주식 가치 등과 같은 계량적 성과지표가 있어서 측정이 쉽고 객관적 평가가 쉽다. 비영리단체도 단체의 수입, 모금액 증가, 회원 수의 증가 등 계량적 성과지표를 활용할 수 있지만 이러한 지표가 공익적 목적을 추구하는 미션 기반 단체의 최고경영자 성과를 제대로 반영한다고 볼 수 없다. 그렇다고 이사회가 측정의 어려움을 핑계로 최고경영자 평가를 형식적으로 실시한다면 이사회는 주의의무를 소홀히 하는 것이고 통제받지 않는 권력을 양산하는 것이다.

최고경영자의 성과는 단체의 성과와 연결되므로 단체 성과지표와 연계하여 최고경영자 평가 기준을 마련해 볼 수 있다. 이사회는 스마일 평가가 아니라 이사회가 세운 기준에 따른 평가 결과를 근거로 보수를 결정하고 재선임 여부를 결정하여 직·간접적으로 최고경영자를 감독하고 통제해야 한다. 객관적이고 공정한 평가를 위한 절차와 일정, 평가 주기, 평가 주체 등 명확한 기준을 확립하고 명시적으로 규정해야 한다.

◈ 비영리단체 최고경영자 성과평가 기준

과정지표	결과지표

1) 리더십
2) 인적자원 관리
3) 정책과 전략
4) 파트너십 및 자원
5) 프로세스
6) 대내외 소통
7) 이사회와의 관계
	1) 사회적 성과
	  : 이해관계자 만족도, 단체 명성, 소셜 임팩트
	2) 경제적 성과
	  • 수익성(수입)
	  • 안정성(자기자본 비율)
	  • 활동성(총자산, 수입액, 총급여액)
	  • 성장성(모금액 증가율, 회원 증가율, 총자산 증가율)

권한위임 : 이사회와 경영진의 협력관계

이사회와 경영진의 관계가 이사회 효과성을 결정하기도 한다. 이사회는 큰 그림을 그리고 실행은 경영진에게 위임한다. 좋은 이사회는 경영진이 재량권을 사용하는 데 제한을 설정한다. 이사회는 경영진이 제 일을 하는 동안 간섭하지도 사라지지도 않으면서 관찰하고 감독하며 경영진과 협력적 관계를 유지한다.

협력적 관계의 이면

이사회와 경영진 간의 협력적 관계가 중요하지만, 현장에서 둘 간의 파트너십은 그리 아름답지 않다. 무엇을 공유하고 무엇을 위임해야 할지 그 경계가 명확하지 않아 혼란을 초래한다. 어떤 이사회는 경영진의 역할에 지나치게 간섭하며 선을 넘고, 어떤 이사회는 경영진에게 전적으로 위임한다면서 아예 방치하기도 한다. 중간이 없다. 양자 간의 관계가 심한 불신과 갈등, 분열로 치달아 '마침내' 조직이 '붕괴'하는 상황까지 치닫는 일도 있다.[8]

에드가 스토에즈 Edgar Stoesz 는 그의 저서 『좋은 일을 멋지게, 멋진 일을 바르게 Doing Good Better』에서 이사회와 경영진 간의 역할 구분과 관련하여 세 가지 모델을 제시한다. 경영진 중심의 모델은 이사회가 최소한의 역할만을 하고, 실무책임자가 위임 여부와 상관없이 대부분 기능을 수행한다. 이사회는 기본적인 자문역할만 한다. 이사회 중심의 모델은 이사회가 모든 결정들을 주도하고, 때로는 경영에 깊이 관여한다. 실무책임자는 이사회가 말하는 대로 수행한다. 협력 모델은 이사회가 단체의 비전과 사명을 정하는 것을 통해서 수탁자로서의 역할을 수행하고, 실무책임자는 위임받은 실무 운영 범위를 정하는 기본정책에 따라 단체를 운영한다. 이사회는 실무책임자의 경영 성과를 평가하고 매년 직원들이 참여하는 프로그램 운영평가를 수행한다.

아마도 많은 단체가 협력 모델을 지향하지만, 현실은 경영진 중심의 모델 혹은 이사회 중심의 모델 어느 하나로 치우쳐져 있을 가능성이 크다. "우리 단체 이사님들은 너무 좋으세요. 열정적이고 회의나 단체 행사에도 열심히 참여하세요. 저희는 이사회와 협력적인 관계가 잘 형성되어 있어요." 가끔 이렇게 얘기하는 이사회 담당 실무자를 만나면 정말 기분 좋고

설렌다. 좋은 거버넌스 모델이 나오지 않을까 싶어 자세히 대화를 나누다 보면 협력 모델이 아니라 그냥 분위기가 좋은 것이다. 실무진이 다 차려놓은 밥상에 이사회는 숟가락만 얹고 있는데 그나마 이사회가 실무진이 일하는 데 미력하게나마 힘이 되니 협력 모델이라고 착각하는 것이다. 설령 협력 모델이라고 자신 있게 말하는 단체라 하더라도 역할을 명확하게 구분하여 규정하지는 않고 있으며, 역할마다 위임의 수준이 다르게 작용하여 때로는 경영진 중심으로 때로는 이사회 중심으로 오가기도 한다.

이사회와 경영진의 역할 경계

이사회와 경영진의 역할은 어떻게 구분할 수 있을까. 이러한 역할을 구분하는 책임은 오롯이 이사회에 있다. 이사회가 먼저 가르마를 타 줘야 경영진도 자기 역할을 찾을 수 있다. 이사회는 비전, 전략, 감독, 규정 수립 등 큰 그림을 그리고, 경영진은 사업실행, 구성원 관리, 이사회 보고 등 일상적인 운영에 관한 일을 담당하는 것이 바람직하다. 이사회와 경영진이 공유해야 하는 역할은 상호 간 합의가 필요하다. 예를 들어, 미션과 비전을 설정하는 것은 조직의 목적정책을 수립하는 일에 관련되어 이사회의 주요 임무이지만 단체 실무를 잘 알고 있는 경영진과의 협의 없이는 사실 불가능하다. 기금모금도 이사회가 해야 하는 일이지만 이사회만 해야 하는 고유업무는 아니다. 이사회, 경영진, 실무진 모두가 협력해야 할 사안이다. 이사회 오리엔테이션 및 교육도 원론적으로는 이사회가 기획해야 하는 일이지만 주로 실무진이 담당하여 진행한다. 교육프로그램을 계획할 때 이사들이 희망하는 교육 욕구를 반영하는 수준에 그친다. 이사회 연간 업무 계획 수립 및 각 회의 안건을 마련하는 것도 이사회 고유업무이지만 이것 역시 실무진으로 위임되어 실행되는 경우가 대부분이다. 이사장 및 핵심 임원들에게 의견을 묻고 조율하는 과정을 거치는 일도 있지만 대부분 실무진이 준비한 대로 실행된다.

사실 국내 비영리단체는 역할 경계가 명확하지 않은 것도 문제지만 경영진과 실무진이 이사회 고유역할 혹은 공유해야 할 역할까지 다 껴안고 있는 것이 문제다. 이사회의 역할이 무엇인지 계속 반복해서 이사들에게 교육하고 이사회에 원하는 바를 솔직하게 얘기해야 한다. 고장 난 레코드판처럼 말이다.

❖ 이사회와 경영진의 역할 구분

이사회 역할	공유 역할	경영진 역할
• 정책수립 • 전략기획 • 예결산 심의 및 승인 • 성과 모니터와 책임 감독 • 최고경영자 선발과 평가, 권한설정 • 이사선임 및 교체 • 재정감독과 위험관리	• 사업계획 검토 및 평가 • 미션과 비전 설정 • 기부자 감사(예우) • 단체 명성 제고 • 자원확보(모금, 사람) • 이사회 오리엔테이션 및 교육 • 이사회 연간 업무계획 수립 및 각 회의안건 마련	• 사업계획 수립 및 실행 • 예산편성, 재정 운영 • 기부자 관리 • 직원 채용과 평가, 직무 설계 • 직원 동기부여 • 프로그램 및 사업 운영 • 조직성과에 대한 보고

단체생애주기에 따른 적응형 거버넌스

이사회와 경영진의 권한위임 수준은 고정적인 것이 아니라 동태적이다. 조직의 상황에 따라 실효성이 달라질 수 있다. 기업지배구조와 관련된 연구들은 주로 대리인 비용의 측면에서 다루어졌으며, 최근까지도 기업생애주기와 기업지배구조와의 관계를 알아본 연구는 극히 드물다. 조직의 전략 및 인적자원 관리에서 환경과 상황을 중시하는 상황론적 관점이 설득력 있게 받아들여지고 있는 시점에서 조직생애주기와 이사회와의 관계를 연결 지어 생각하지 않는 것이 이상한 일이다.

　모든 조직은 개방시스템으로 환경과 상호작용을 하면서 도입-성장-안정-성숙-쇠퇴하는 진화과정을 거친다. 조직생애주기는 시간의 흐름에 따른 조직의 진화과정을 지칭하는 개념이다. 마찬가지로 비영리단체들도 설립-성장-성숙-쇠퇴-(재활성화)-해산하는 조직생애주기를 거친다. 상황론적 관점에서 조직생애주기에 따라 이사회의 역할이 변화할 때 이사회 효과성이 향상될 수 있다는 것이다. 협력 모델이 항상 정답일 수 없다는 것이다.

🏵 단체생애주기별 이사회 역할 변화

단체생애주기	설립기 (Idea, Start-up)	성장기 (Growth)	성숙기 (Maturity)	쇠퇴기 (Decline)	재활성화 (Turnaround)	해산기 (Terminal)
이사회 유형	실무 이사회	경영 이사회	거버넌스 이사회	비준 이사회	경영 이사회	생존 이사회
단체 특성	• 소규모 • 조직 체계 미흡 • 목적의식이 강한 설립자와 이사들	• 조직규모 성장 • 조직 체계화 요구 • 전문경영자 필요	• 조직규모 확대 • 조직 체계 공식화(제도, 규칙, 절차, 통제시스템 구축) • 경영진 리더십 강화	• 조직규모 유지 혹은 감소 • 관료주의, 경직된 리더십에 대한 저항 • 단체 명성 혹은 사회적 영향력 감소	• 조직 재구조화(효율적 구조로 개편) • 조직위기에 적극적 대응(변화와 혁신 시도) • 협동, 팀워크 등 조직문화 강조	• 조직규모 감소 • 조직위기 대응 실패 • 합병 혹은 해산절차
힘의 균형	이사회 중심 모델	이사회 중심 모델	협력 모델	경영진 중심 모델	이사회 중심 모델	경영진 중심 모델
이사회 역할	자원활동가로 단체 실무를 직접 수행	이사회가 경영진의 역할에 깊숙이 개입	이사회와 경영진 간 역할 구분, 이사회가 경영진에게 역할을 위임	경영진에게 위임하고 이사들은 승인하는 역할 수행	단체의 혁신을 위해 이사회가 다시 경영에 개입	이사회 기능은 유명무실, 경영진의 주도로 단체 해산절차 진행(단, 이사회 의결 필요)

책임지는 이사회 구성

책임지는 이사회 구성

이사회 구성 절차 만들기

비영리단체들은 매년 이사회 구성과 관련한 문제에 직면하고 그때마다 혼란에 빠진다. 임기가 종료된 이사, 연임 혹은 중임하는 이사, 스스로 중단하는 이사, 문제가 생겨 면직당하는 이사 등 이사회 구성이 계속 변화하기 때문에 새로운 이사를 선임하고 이사회 구성을 재정비해야 한다.

모든 단체는 단체 설립 시 주무관청에 제출했던 정관에 이사회 관련 규정을 명시하고 있지만, 이사회 관련 규정은 이사회 구성, 의결, 소집 등 최소한의 요건을 포괄적으로 담아 실제로 이사회를 운영할 때는 도움이 되지 못한다. 이사회 정책설명서 혹은 이사 매뉴얼을 마련하고 그 안에 이사회 구성 절차를 수립해두면 이사회 구성을 재정비할 때마다 매번 혼란에 빠지지 않아도 된다. 공정한 선임 절차가 이루어지도록 별도의 위원회를 구성하여 선임 절차를 위임할 수도 있다. 위원회는 인사위원회, 공천위원회, 선임위원회, 추천위원회, 임명위원회 등 다양한 명칭으로 부를 수 있다.

이사회 구성 절차

이사회 구성과 관련한 절차는 단체의 법적 성격이나 목적, 고유한 특성에 따라 다를 수 있지만 일반적으로는 다음과 같다.

① 이사회 내 인사위원회를 구성한다.

　인사위원회는 이사장의 임명 혹은 이사회 내에서 선출하여 구성할 수 있다. (인사위원회의 독립성을 보장하기 위해 이사회와 독립된 기구로 둘 수도 있다.)

② 인사위원회는 이사들의 임기를 점검하고 임무 수행을 평가하여 연임 여부를 타진한다.

③ 인사위원회는 이사 충원을 위해 후보자 명단을 작성한다.

　이사회로부터 후보자를 추천받거나 인사위원회 자체 내에서 이사 후보를 발굴한다.

④ 인사위원회는 후보자 명단을 검토하고 가능한 후보군으로 압축한다.

⑤ 인사위원회는 영입할 이사 후보를 1:1로 만나 면담하는 자리를 갖는다.

　이사회 의장(혹은 위임받은 이사)과 실무책임자와 함께 동석할 수 있다. 단체의 목적, 사업, 이사의 역할과 책임, 기대사항 등을 충분히 설명한다. 후보자가 그 자리에서 바로 수락하지 못하는 경우 1~2주일 정도 생각할 수 있는 시간을 준다.

⑥ 인사위원회는 후보자와 연락하여 이사직 수락을 최종 타진한다.

⑦ 인사위원회는 최종결정된 이사 명단을 이사회에 보고하고 승인받는다.

(사단법인의 경우 총회에서 최종 의결한다.)

⑧ 인사위원회는 정해진 절차에 따라 신임이사를 임명하고 오리엔테이션을 한다.

⑨ 인사위원회는 신임이사와 정기적으로 소통하며 이사회 적응을 돕는다. 신임이사가 단체에 대한 정보를 더 알기 원할 때 이사회 전담부서 혹은 담당 직원을 연결한다.

⑩ 인사위원회는 활동을 평가하고 절차개선에 반영한다.

결격사유가 있는 이사 검증

인사위원회는 이사선임 시 내부에서 마련한 기준에 따라 후보자의 자질을 다각적으로 검증한다. 도덕성, 전문성, 기여 가능성 등 다양한 기준을 마련해 후보자를 꼼꼼히 따져봐야겠지만 가끔 놓치는 부분이 있다. 공익법인이나 사회복지법인은 「공익법인법」 제5조 6항, 「사회복지사업법」 제19조에서 임원이 될 수 없는 결격사유를 규정하고 있다. 각호에 해당하는 자가 없으면 좋지만, 선임 후 발생할 불미스러운 문제를 예방하는 차원에서 반드시 확인할 필요가 있다. 사회복지법인의 경우는 "100만 원 이상의 벌금형을 선고받고 그 형이 확정된 후 5년이 지나지 아니한 사람", "사회복지분야의 6급 이상 공무원으로 재직하다 퇴직한 지 3년이 경과하지 아니한 사람 중에서 퇴직 전 5년 동안 소속하였던 기초자치단체가 관할하는 법인의 임원이 되고자 하는 사람" 등 결격사유가 더 까다로워 면밀히 파악해야 한다.

또한, 이사회 구성 시 출연자 및 이사진과 특수관계가 있는 이사가 전체 이사 수의 1/5을 초과하지 않도록 해야 한다. 특수관계자는 1) 출연자, 2) 출연자 또는 이사와 6촌 이내의 혈족, 4촌 이내의 인척, 배우자(사실혼 관계에 있는 사람 포함), 3) 출연자 또는 이사의 사용인 기타 고용관계에 있는 자, 4) 출연자 또는 이사의 금전 기타의 재산에 의하여 생계를 유지하는 자와 생계를 함께 하는 자, 5) 당해 출연자가 재산을 출연한 다른 공익사업을 영위하는 법인의 이사 등이 포함된다. 위반 시 벌칙 규정은 없으나 설립 허가를 받지 못하기 때문에 공익법인법과 상·증세법을 적용받는 단체는 당연히 준수해야 하는 규정이다. 그렇지 않은 단체라도 이사회 독립성 보장을 위해 준수할 필요성이 있다.

이사 임기 : 연임과 중임

비영리단체 이사회 규정을 보면 이사의 임기는 명시되어 있지만 연임 규정은 없거나 있어도 유명무실하게 운영되는 경우가 많다. 아무 생각 없이 수락했다가 도대체 임기가 언제 끝나는 것인지 출구가 없다. 인사위원회는 개별 임원의 임기를 파악하고 있어 시작과 종료를 반드시 알려야 한다. 특히, 이사회 임기와 관련하여 연임, 중임, 유임 등의 단어의 정확한 의미를 모른 채 혼용되어 사용되고 있다. 인사위원회는 연임과 중임 그리고 횟수 규정에 따라 이사회 임기가 달라질 수 있음을 인식해야 한다.

연임은 임기를 마친 후에 다시 그 자리나 직위에 그대로 머물러 있는 것이다. 연속해서 지위를 유지하는 것에 방점이 있다. 연임 횟수 규정이 없다면 계속 연달아 평생 이사직을 유지할 수 있다. 중임은 같은 직위에 거듭 임명되는 것으로 1~2번 건너뛰든 다시 임명되는 것이다. 중임 횟수 규정이 있다면 건너뛰며 제한된 횟수만큼 언제든 다시 할 수 있고, 중임 횟수 규정이 없다면 언제든 다시 임명될 수 있다. 유임은 정부 조직개편이나 임기 만료 때 많이 들려오는 단어이다. 그 자리나 직위에서 그대로 머물러 있는 것으로 임기와 상관없이 계속 일을 하는 것을 말한다. 당연직 이사인 사무총장이 임기가 종료되었는데 후임자를 찾지 못해 일정 기간 사무총장의 직무를 계속 수행하면서 이사 지위를 유지하는 상태가 유임에 해당할 수 있다.

연임과 중임의 차이

"임기는 2년으로 하며, 1회에 한하여 연임할 수 있다"

2021.3~2023.2 2년 임기를 맡은 이사가 **연임하게 되면** 연속으로 2023.3.~2025.2까지 이사 유지. 단, 연임 횟수 규정이 없으면 계속 연달아 이사 유지 가능

"임기는 2년으로 하며, 1회에 한하여 중임할 수 있다"

2021.3~2023.2 2년 임기를 맡은 이사가 **중임하게 되면** 2023.3~2025.2까지 바로 연임할 수도 있고, 개인적 사유로 중단하면 1번 건너뛰고 2025.3.~2027.2까지 다시 이사로 임명될 수 있음. 단, 2년의 임기를 마치면 더이상 재직할 수 없으며, 중임 횟수 규정이 없다면 언제든 다시 임명될 수 있음

이사회 적정규모, 피자 두 판의 법칙

다다익선 多多益善

가장 효과적인 이사회 규모는 몇 명 정도일까? 얼마 전 비영리 분야의 한 학회로부터 이사 제안을 받았다. 국내 학회들은 대부분 비영리 사단법인으로 연초가 되면 새로운 신임회장의 임기 시작과 더불어 이사진을 새롭게 정비하게 된다. 이 학회는 이사진을 40명 정도 규모로 구성하려는 계획을 하고 있었다. 원래 학회 이사회 규모가 이렇게 컸던가 의구심이 들어

활동하고 있던 다른 학회들의 홈페이지에 들어가서 학회 임원명단을 들여다보았다. 학문 영역이 그리 크지 않은 비영리 분야 학회들도 40명은 그나마 간소한 수준이었고, 50명이 훌쩍 넘는 학회들이 대부분이었다. 주류학문 분야인 경영학의 경우 (사)한국경영학회는 임원진(회장, 차기 회장, 감사2, 수석부회장) 5인, 부회장 49인, 상임이사 79인, 이사 98인 등 231명으로 구성되어 있다. 그야말로 메가톤급 이사회라고 볼 수 있는데 이사회가 규모만큼의 실효성이 있는지는 모르겠다.

적정규모

이사회는 효과적인 토의 및 신중한 의사결정이 가능하려면 적정규모를 유지할 필요가 있다. 최근 국내외 기업들은 과거 4~50년 전보다 이사회 규모를 축소하고 있는데 15~20명 정도로 구성하다가 이제는 10명 미만의 이사로 규모를 현저히 축소하고 있다. 글로벌 금융위기 당시 타격을 입었던 금융회사들이 한결같이 이사회 덩치가 컸던 것으로 분석되면서 이사 수가 많을수록 이사회 효율성이 떨어진다는 인식을 갖고 있다. 한국에서도 최근 이사회 운영의 효율성 제고를 위해 주요 기업들의 이사회 규모가 축소되는 추세에 있다. 예를 들어, 삼성전자는 2022년 12월 기준 현재 11명(사내이사 5명, 사외이사 6명)으로 구성되어 있고, SK는 총 9명(사내이사 4명, 사외이사 5명)의 슬림한 이사회를 구성하여 운영하고 있다.

비영리법인(사단·재단법인)은 이사 수와 임기에 대한 제한이 없어 정관에 따라 임의로 정하면 된다. 「민법」 제40조에 따라 이사의 임면에 관한 사항은 정관 필수기재 사항이므로 정관에서 반드시 이사의 수, 임기, 선임 및 해임 등에 관한 사항을 정하고 규정에 따르면 된다. 공익법인은 「공익법인의 설립·운영에 관한 법률」 제5조에 따라 5명 이상 15명 이하의 이사와 2

명의 감사를 두되, 주무관청의 승인을 받아 그 수를 증감할 수 있게 되어 있다. 사회복지법인의 경우는 「사회복지사업법」 제18조에 따라 대표이사를 포함한 이사 7명, 감사 2명 이상을 두어야 하고, 이사의 3분의 1 이상은 시·도사회보장위원회 또는 지역사회보장협의체에서 3배수 추천을 받은 사람 중에 선임해야 한다는 규정을 따라 선임해야 한다.

국내외 비영리 이사회 규모

비영리단체는 통상 5명 이상 20인 이하의 이사와 1~2명의 감사로 구성하여 운영하는 것이 보편적이다. 「비영리 공익법인 운영 실태와 지배구조」 연구에 따르면, 국내 비영리 이사회 규모는 등기이사와 비등기이사를 모두 합하여 평균 11.63명으로 나타났다. 다만 최댓값이 재단법인은 25명인데 반해 사단법인의 경우 110명에 이르고 있어 평균보다는 중간값 10명으로 보는 것이 더 타당하다고 분석하고 있다. 민간이 설립한 공익법인의 경우 평균 10.3명으로 가장 크고, 기업이 설립한 공익법인의 경우 6.9명으로

❀ 국내 비영리단체 이사회 규모

	관측치	평균	중간값	최솟값	최댓값	표준편차
이사회 규모 (등기이사/비등기 이사 인원 합계)	312	11.63	10	2	110	9.40
이사회 규모 (사단법인)	112	14.80	11.5	2	110	13.43
이사회 규모 (재단법인)	159	9.07	8	2	25	4.08

* 이창민(2017), 「비영리 공익법인 운영 실태와 지배구조」, 제17회 기부문화심포지엄 (2015년도 국세청 공시자료 사용)

가장 작았다. 이사회 규모는 고유목적사업 지출액과 양의 상관관계를 가지는 것으로 나타나 단체 규모가 클수록 이사회 규모도 커지는 경향이 있다. 미국의 경우 평균 15명으로 국내 비영리단체 이사회보다 숫자가 많지만 1994년 평균 19명에서 2007년 평균 16명으로 점차 감소하는 추세다.

피자 두 판의 법칙

국내 비영리단체 이사회 규모 중간값 10명은 아주 절묘한 숫자이다. 가장 효과적인 팀 규모는 일반적으로 10명 이하로 알려져 있다. 아마존 창업자 제프 베조스는 '피자 두 판의 법칙 Two-Pizza Team rule'을 제시하였다. 이는 라지 사이즈 피자 2판으로 한 끼 식사를 해결할 수 있는 소규모로 팀을 구성하라는 뜻이다. 이렇게 하면 팀원 수는 10명을 넘기 힘들 것이다. 6~9명 정도가 적당할 것이다. 구글의 애드센스를 이끌었던 킴 스콧 Kim Scott 은 그의 책『실리콘밸리의 팀장들 Radical Candor』에서 리더는 팀원에게 업무의 우선순위가 무엇인지를 묻고, 자신이 팀원을 도울 방법이 무엇인지 찾아야 한다고 말한다. 팀원 수가 너무 많아 그 같은 노력을 할 수 없다면 팀원 수를 줄이는 게 옳다고 말한다. 이사회도 마찬가지다. 단체가 관리할 수 없는 수준을 넘어서면 줄이는 게 바람직하다.

합리적 의사결정이 가능한 최적 규모

이사회 최적의 규모는 단체목적에 부합하는 올바른 의사결정을 위해 이사들의 의미 있는 참여가 가능한 수준에서 결정되어야 한다. 200명 이상의 이사진이 한목소리를 낼 수 있는 의사결정구조를 갖춘 조직이라면 200명이어도 좋다. 하지만 20명의 이사도 버겁고 관리가 불가능한 조직이라면 과감하게 10명 이내로 최소화하는 것이 좋다. 단체 특성에 따라 모금역할 및 네트워크 차원에서 여전히 이사회 규모를 크게 구성하는 곳도 있고, 이사회 규모는 축소하고 대신 위원회를 확대하여 사업별로 전문가들로 긴밀하게 협력하는 곳도 많다.

이사회가 역동적으로 운영되는 대표적인 단체 3곳[1]의 이사회 규모를 살펴보자. 비영리 스타트업 지원 등 건강한 비영리 생태계 조성에 이바지하는 (재)다음세대재단은 총 7명(이사 5인, 감사 2인)의 작지만 강한 이사회를 구성하고 있다. 이사회가 열리면 실무진과 이사진이 마주 앉아 단체 활동에 대해 격의 없이 토론하고, 이사진은 전문성을 살려 구체적인 자문에 응하거나 활동에 참여하면서 역할을 하고 있다. 자원봉사 가치와 문화를 확산하는 (사)한국자원봉사문화는 총 22명(이사 20인, 감사 2인)의 다소 규모 있는 이사진을 구성하고 있는데, 자문위원회 외 별도 위원회 구성없이 이사들의 전문성을 고려하여 사업과 연계하여 협력하고 있다. 반대로, 공익활동을 지원하며 기부문화를 확산하는 (재)아름다운재단은 이사회가 11명(이사 9인, 감사 2인)으로 재단 규모에 비해 작지만, 배분위원회(14인), 기금운용위원회(4인), 기부컨설팅위원회(5인), 기부문화연구소(소장1인, 부소장2인, 기부문화문화 12인, 사회공헌분과 7인, 제도법제분과 6인) 등 이사회의 위임을 받아 다양하고 거대한 위원회를 구성하여 위원들과 함께 목적사업을 수행하고 있다. 3곳 모두 단체 규모와 상관없이 단체 특성에 맞는 최적의 규모를 찾아 효과적으로 이사회를 운영하고 있다.

이사회 다양성

확대되어가는 DEI

거버넌스에 관한 가장 큰 관심 이슈는 이사회 다양성이다. 이사회가 최고 의사결정기구로서 독립성과 투명성을 강화하려면 이사회 다양성을 확대해야 한다고 말한다. 기업들은 이해관계자의 위험을 완화하고 미래 지속가능성을 확보하기 위해 다양성과 형평성, 포용성 DEI, Diversity, Equity, Inclusion 에 대한 사회적 책임 인식이 높아져 가고 있다.

2021년 미 증권거래위원회 SEC 가 약 1년 동안의 검토 끝에 기업 이사진 내 다양성과 포용성을 강화하자는 나스닥의 제안을 받아들였다. 나스닥의 모든 상장사가 표준 양식을 통해 자사 이사회의 다양성 확보 여부를 공개해야 한다. 회사는 소수자 집단에서 최소 2명의 이사를 선임해야 하고, 그중에서도 "스스로 여성으로 분류하는 사람 1명, 스스로 과소 대표된 소수 인종 또는 성 소수자 LGBTQ+ 로 분류하는 사람 1명을 포함"하거나 그렇지 않으면 그 이유를 설명해야 한다.[2]

당연히 반대하는 목소리가 크지만, 다양성과 포용성을 증진하자는 주장은 이미 확고히 자리를 잡았다. 국내 기업들은 자본시장법 개정으로 2022년 8월부터 자산 2조 이상 대기업은 이사회 다양성 차원에서 여성 임원을 선임해야 한다. 기업들은 '이사회 다양성 가이드라인'을 마련하여 이사회가 이사 구성 시 '다양성 검증 메트릭스'를 통해 다양성 요건을 충족하는지 확인한다. 특히, 금융회사들이 이러한 이슈에 발 빠르게 대응해가고 있는데 '이사회 독립성 가이드라인', '이사회 다양성 가이드라인' 등을 제정하고 국적, 성별, 연령, 경험 및 배경, 기타 항목을 통해 다양성을 확보하기 위해 노력하고 있다.

무늬만 DEI

DEI와 같은 사회적 가치를 추구하는 비영리단체 이사회 다양성 수준은 어떨까. 국내 비영리단체 이사회도 다양성에 있어 변화를 주고 있다. 기부자나 회원들의 인식이 높아지면서 새로운 구성원이 이사회에 참가하고 있다. 아름다운 가게는 2017년부터 실무자인 간사와 자원봉사자를 이사회에 포함하도록 정관을 바꿨다. 국제앰네스티 한국 지부는 14~24세 회원을 유스 Youth 이사로 선임하며, 국제 네트워크에도 이사장과 함께 참석하게 한다. 한국YWCA연합회는 청년성 회복을 위해 35세 미만 청년부회장 제도 도입과 선출직 이사 20명 중 청년 이사를 6명(30%) 두는 것으로 확대했다.

반면, 대규모 단체들은 이사회 구성이나 역할에 관한 변화가 여전히 더뎌 보인다. 더나은미래가 2016년 100대 공익법인 이사회를 분석한 자료를 보면, 평균연령이 61.77세로 60대가 가장 많으며, 학계와 경제경영계 인사가 대거 포진해 있고, 여성 이사는 10명 중 1명꼴에 불과하다. 즉, 60대 남성 교수와 기업인들이 비영리 이사회를 차지하고 있다는 것이다. 이후 2021년 조사에서는 여성 비율이 10명 중 2명 수준으로 올라갔지만, 여전히 낮다.

유니세프한국위원회는 9명 중 4명, 세이브더칠드런은 11명 중 5명, 월드비전은 13명 중 5명으로 어느 정도 성비의 균형을 이루고 있다. 한국국제기아대책, 한국컴패션에는 여성 이사가 1명씩 포함된 정도이고, 여성 이사가 단 한 명도 없는 단체도 있다.[3] 여성 비율이 높은 비영리단체는 직원들은 여성이 다수지만 관리자, 대표, 이사장 등 단체의 핵심 의사결정 권한을 가진 상층부로 갈수록 여성 비율이 낮다. 비영리단체도 거버넌스의 유리천장이 매우 두텁다고 할 수 있다. 유럽연합 EU 이 오는 2026년부터 상장기업을 대상으로 여성 이사 40%를 의무화하는 여성할당제를 도입한다고 하는데 비영리단체가 주목해야 할 부분이다.

다민족, 다인종, 다문화 국가인 미국의 다양성 수준은 어떨까. Board Source의 2021년 자료[4]를 보면 미국은 최고경영자는 여성이 74%로 압도적으로 많고, 이사장과 이사회 구성원들은 여성 53%, 남성 47%로 남녀비율이 비슷하게 나타난다. 하지만 미국은 인종 다양성에 있어 최고경영자, 이사장, 이사진 모두 10명 중 8명이 백인이다. 이사회의 구성이 인종 등에 있어서 다양성이 높은 편이지만, 2년 전 조사에 비해 크게 개선된 것은 아니다. 미국 역시 그 한계를 여실히 드러내고 있다.

다양성의 다양화

'성', '연령', '인종', '교육수준' 등 동질적인 인구통계인자를 공유하는 '코호트 Cohort' 집단의 최대 맹점은 집단사고에 빠지는 것이다. 예일대학교 어빙 제니스 Irving Janis 교수는 응집력 있는 집단의 구성원들이 갈등을 최소화하며, 의견 일치를 유도하는 경향이 지나쳐 비판적인 생각을 하지 않는 상태를 집단사고라고 말한다. 똑똑한 다수가 바보 같은 결정을 하여 조직을 위험에 빠뜨리는 것이다. 비영리단체 이사회는 같은 신앙 혹은 같은 신념을 가진 이사들로 구성되기 마련인데 거기에 인구통계적 특성까지 유사한 이사들로 채워진다면 집단사고의 위험이 커진다.

비영리단체는 이사회 다양성을 법적으로 규제할 수 없다. 단체 스스로 자기 인식과 자기 규제를 통해 다양성을 확보하려고 노력해야 한다. 다양성은 갈등을 촉발하지만, 창의성을 자극하고 의사결정의 질을 개선한다. 이사회가 집단사고에 빠지지 않도록 혁신하려면 이사회 다양성의 스펙트럼을 넓혀야 한다. 인구통계학적 특성 중심의 표면적 수준 Surface Level 에서 가치, 관점, 사고방식, 경험, 기술, 독립성, 전문성 등 심층적 수준 Deep

◈ 이사회 다양성 매트릭스

구분		이사 A	이사 B	이사 C	이사 D	이사 E	이사 F	이사 G	...
인구 통계학적 특성	국적								
	성별(Gender)								
	나이								
	종교·인종·민족								
	성적지향 (Sexual Orientation)								
	언어								
	학력								
	직업								
경제적, 사회적 수준	부(Wealth)								
	사회적 지위								
	네트워크								
생각	가치·관점·사고방식								
	정치적 성향								
경험	단체 경험								
	이사 경험								
	생애 경험								
독립성	추천경로								
전문성	전문성								
	지도력								
	기술(Skill)								

Level 으로 확대해야 한다.

남성 중심의 이사회라면 여성할당제를 도입하고, 60대 이상의 고령층이 많다면 세대별 인원 배분을 고려해야 한다. 기존 네트워크 중심의 이사회라면 과감하게 외부 공모를 통해 이사를 선발해보는 것도 좋다. 학계와 경영계 중심의 전문성 제한에도 변화를 줘서 자원봉사자, 후원자, 대상자, 활동가 등 다양한 경험과 관점을 가진 이해관계자를 이사회 구성원으로 구성해 이사회에 생기를 불어넣어야 한다. 최근에는 공공기관의 노동이사제처럼 비영리단체 이사회에 사무국 출신의 이사를 선임하거나 사무국을 대표하는 활동가를 참여시키는 일도 있다.

변화를 주저만 하고 있다면 단체는 획일적이고 폐쇄적인 의사결정의 악순환을 반복하게 될 것이다. 다양성 측면에서 가장 혁신적일 수 있는 비영리단체가 의외로 보수적이고 시대착오적인 모습을 보이는 것은 씁쓸한 일이다. 앞 장의 이사회 다양성 매트릭스를 활용해 단체 이사회 다양성을 다양화해보자.

작지만 강한 위원회

세상에서 가장 강력한 위원회

형식적인 위원회가 아니라 제대로 작동하는 위원회가 지구상에 존재할까? 있다. 바로 FOMC Federal Open Market Committee(연방공개시장위원회). 전 세계가 위원장의 말과 그들의 회의 결과를 주목한다. FOMC는 Fed Federal Reserve System(연방준비제도) 내 통화정책 입안 기구 중 제일 중요한 기구이다. Fed의 핵심 기관이자 최고 의사결정기구는 FRB Federal Reserve Board of Governors(연방준비제도이사회)이지만, 실제적인 중요한 정책들은 FOMC에서 결정된다.

FOMC는 이사 전원 7명과 뉴욕 연방은행 총재 및 다른 지구 연방은행 총재 중에서 교대로 선출되는 5명을 합하여 모두 12명으로 구성된다. 매년 첫 모임에서 의장을 위원회장으로, 뉴욕 은행 총재를 부위원회장으로 선출한다. 제롬 파월은 현 FRB 이사장이자 FOMC 위원장으로 세계 경제 대통령으로 불린다. 매년 최소 4번의 회의가 법으로 규정되어 있고 비공개모임으로 이루어진다. 모임 2주 전 Beige Book 보고서가 나오고, 모임 3주 후 정규회의 의사록이 대중에 공개된다. 1년에 8번, 6주에 한 번씩 1박 2일 난상토론이 정례화되어 이루어진다. 가장 공식적이고 체계화된 구조를 가진 위원회임이 틀림없다.

위원회 딜레마

위원회는 민주적 결정과 조정을 촉진하기 위해 복수의 구성원으로 구성된 공식적으로 제도화된 회의이자 합의제 기구라고 할 수 있다. 세상의 모든 결정은 위원회를 통한다고 할 만큼 정부·공공기관, 기업, 비영리단체 등 사회 곳곳에서 위원회 제도를 널리 활용하고 있다. 물론 모든 위원회가 FOMC처럼 막강한 영향력을 발휘하는 경우는 드물다. 대부분의 위원회는 형식적으로 운영되고 단편적인 자문 의견 전달 수준에 머물러 있으며, 위

❖ 위원회 딜레마

순기능	역기능
• 민주성 강화	• 참여와 논의 수준 제한적
• 대응성 제고	• 의사결정 지연으로 인한 비효율성 초래
• 신뢰성, 투명성 강화	• 포획 또는 타협에 의한 의사결정
• 전문성 신장	• 책임소재 불명확성
• 정당성 확보	• 거버넌스 남발로 인한 피로도 증가

원들의 참여도 높지 않을뿐더러 위원들의 의견이 잘 반영되지 않는 악순환이 반복돼 담당 실무자들의 피로감만 높다. 그런데도 위원회 제도는 다양한 이해관계자들의 의견을 반영할 수 있는 협치 기구로 여전히 많이 활용되고 있고, 비영리단체 역시 위원회 제도를 적극적으로 활용하고 있다.

위원회 효용성

비영리단체 이사회는 효율적인 운영을 위하여 내부에 일부 이사들로 구성된 위원회를 설치하여 특정 기능과 역할을 수행하도록 할 수 있다. 정관이나 운영 규정에서 정하는 주요한 사항을 제외하고 이사회는 위원회에 권한을 위임할 수 있다. 위원회는 반드시 구성해야만 하는 것은 아니지만 잘 활용하기만 하면 이사회의 한계를 보완할 수 있는 좋은 대안이 된다. 위원회 운영은 업무수행의 전문성과 효율성, 의사결정의 질 향상 등 효용성이 높다.

첫째, 위원회는 이사회의 기능을 보완한다. 위원회는 이사회가 수시로 모여 처리하기에 적당하지 않은 업무들이나 주기적으로 발생하는 중요한 사항, 집중적인 검토가 필요한 사안 등의 처리가 가능하다. 이사회 정기회의 때는 안건을 심도 있게 논의하기에는 시간이 부족하므로 사전에 위원회를 거쳐 집중적인 토론을 할 수 있다. 관련 전문가들로 구성된 위원회는 전문가적 식견으로 실무진이 놓치거나 이사회가 인식하지 못하는 빈틈을 채우고 새로운 관점과 대안을 제시해준다. 덤으로 위원회에 참가한 이사들은 해당 사안에 대한 학습효과가 생겨 이사회 때 관련 안건 논의를 풍부하게 해줄 수 있다.

둘째, 위원회는 혁신적인 거버넌스 실험이 가능하다. 위원회는 이사회와 달리 법적 책임으로부터 자유로워서 구성과 운영에 있어 다양한 시도를 해볼 수 있다. 위원회 구성에 있어 위원장은 대부분 이사가 맡게 되고, 위원들은 이사, 실무자, 외부 전문가, 회원, 자원활동가 등 다양하게 구성할 수 있다. 회의 운영에도 최소한의 절차 외에 개방적이고 자유로운 토론이 가능하다. 구찌의 섀도 커미티 Shadow Committee(그림자 위원회)는 30세 이하 직원 모임에서 임원회의 주제를 다시 논의하여 부족한 부분을 보완하는 방법이다. 젊은 감각과 관점으로 의제를 새롭게 바라보며 참신한 의견을 내도록 하는 혁신적인 정책이다. 아름다운재단은 2017년부터 청소년 배분위원회를 구성하여 청소년들의 관점과 방식으로 프로젝트를 선정하여 기금을 배분하고 있다. 관습적으로 진행하던 배분 방식에서 벗어나 새로운 시선으로 지역사회 문제를 발견하고 해결하려는 시도이다.

셋째, 위원회는 이사발굴과 육성을 위한 리더십 과정이 될 수 있다. 단체 목적에 공감하고 단체 활동에 관심이 있는 전문가 중에는 이미 여러 기관의 이사직을 수행하고 있으며, 시간이나 재정적 기여에 대한 부담으로 선뜻 이사직을 수락할 수 없는 경우도 많다. 처음부터 이사직을 제안하기보다 위원회 활동을 통해 자문을 구하면 단체에 쉽게 발을 디딜 수 있다. 단체 입장에서도 위원회 활동을 통해 이사 후보의 자질을 검증해 볼 수 있으며, 지속적인 상호교감을 통해 단체와의 적합성을 맞춰갈 수 있다. 위원회를 거친 이사들은 외부에서 갑자기 영입된 이사들보다 단체에 대한 이해도 높고 이사회 적응도 빨라 단체에 대한 헌신과 기여가 높다.

위원회 종류

단체마다 위원회 수와 종류는 다양하며, 단체 상황에 따라 위원회 필요도 다양하다. 일반적으로 자문위원회, 집행(운영)위원회, 정책위원회, 재정위원회, 기금위원회, 인사위원회, 조직위원회, 배분위원회, 연구위원회 등이 있으며, 특정 의제나 조직의 중요이슈를 다루는 특별위원회를 구성하기도 한다. 규모가 큰 단체들은 이사회 소집이 어렵고 의사결정이 신속하게 이루어지지 못하는 한계를 보완하기 위해 소위원회를 구성하여 운영한다. 기업은 이사와 경영진의 직무집행에 대한 감사를 수행하는 '감사위원회'의 기능과 위상이 크지만, 비영리단체의 경우 모금액이 큰 일부 대형단체를 제외하고 감사위원회를 설치하는 경우는 거의 없다.

이사회 자체가 없는 비영리민간단체는 위원회가 이사회 기능을 대신하기도 한다. 많은 시민단체가 위원회 제도를 적극적으로 활용하고 있고 단체 기여도도 크다. 이사들보다 위원들의 시간 투여 및 직무 강도가 더 높은 곳도 있다. 대표적으로 정부의 보조금이나 기업의 후원금을 받지 않고 독립적으로 활동하는 시민단체인 '참여연대'에는 40여 명의 상근자와 200여 명의 비상근전문가 실행위원이 함께 활동하고 있다. 상근활동가만으로는 단체가 수행하는 활동을 감당할 수 없으므로 학자, 변호사, 회계사, 세무사, 작가, 여론분석가 등 230여 명의 전문가 실행위원들이 각자의 영역에서 비상근으로 협력하며 단체에 기여하고 있다. 위원회 제도를 적극적으로 활용하고 있는 단체로 환경운동연합도 있다. 일반적으로 다른 사단법인 비영리단체들이 이사회를 구성하는 것과 달리 환경운동연합은 사단법인이지만 이사회를 별도로 두고 있지 않다. 상설·특별위원회를 기수별로 운영하며 인사위원회(8인), 조직위원회(10인), 정책위원회(18인), 자연생태위원회(19인), 국제협력위원회(10인), 에너지기후위원회(12인), 교육위원회(2인), 바다위원회(20인), 탈핵위원회(13인), 특별위원회(생명의강특별위원회)(16인) 등 위원회를 통해 기능별, 의제별로 전문가들과 협력하며 단체의 목적사업을 수행하고 있다.

"아이 필 구찌(I feel Gucci)". 이 말은 "아 좋다"라는 뜻으로 쓰인다고 한다. 특히 MZ세대의 구찌 사랑이 각별하다고 하는 데 구찌는 어떻게 MZ의 사랑을 듬뿍 받는 브랜드로 부활했을까?

MZ세대가 구찌를 사랑하는 이유는 단순히 브랜드 헤리티지와 트렌디함에만 있는 것은 아니다. 구찌는 2012년부터 3년간 매출이 정체되고 영업이익이 급감했는데 2015년 마르코 비자리(Marco Bizzarri)가 새로운 CEO로 취임한 이후 쉐도우 커미티, 리버스 멘토링 등 혁신적인 정책을 시행했다.

섀도 커미티, 그림자 위원회는 30세 이하 직원 모임에서 임원회의 주제를 다시 논의하여 부족한 부분을 보완하는 방법이라고 한다. 50대 임원 회의가 끝나면 쉐도우 커미티가 열리고 여기서 같은 의제에 대해 다시 논의하면서 젊은 감각과 관점으로 의제를 새롭게 바라보며 참신한 의견을 내는 것이다. 또 다른 혁신정책으로는 리버스(Reverse) 멘토링이 있다. 멘토링은 보통 나이와 경험이 많은 선배가 후배를 가르치는 제도인데, 리버스 멘토링은 반대로 회사 내 젊은 층이 중년층들에게 그들의 문화와 가치관을 가르쳐주는 것이다. 젊은 사원이나 대리급이 고위 경영진을 지도·조언하는 제도이다.

구찌는 이 제도를 도입해 3년 만에 매출과 영업이익이 각각 2배, 3배 이상 증가하는 등 반등에 성공했다. 쉐도우 커미티, 그림자 위원회 등을 통해 구찌 에이스 같은 레트로풍의 게임을 출시하거나 동물 털을 사용하지 않은 퍼 프리(Fur Free)를 시행하고 있다.

국내 대기업에서도 이러한 제도를 벤치마킹해서 밀레니얼 세대로만 이뤄진 위원회를 운영하고 있다. 삼성전자는 '밀레니얼 커미티', LG 전자는 '섀도 커미티', 포스코는 '포인터 리버스 멘토링' 등이 있다. 임원들과 MZ세대가 직접 소통하며 세대와 계층 간의 공감을 이루기 위해 노력하고 있다. 위계적인 명령체계를 버리고 MZ들과 소통하고 공감하며 수평적 조직문화를 갖추려는 이러한 노력이 다른 명품 브랜드가 시대에 뒤처지는 동안 구찌만이 승승장구하며 제2의 전성기를 맞이한 비결이라고 볼 수 있다.

* [열린세상] 당신은 청바지 꼰대?/이은형 국민대 경영학부 교수(서울신문, 2018.06.17.)

* CEO가 사원에게 배우는 '리버스 멘토링'…SNS 고수 된 숲 사장님 "MZ 멘토 덕이죠"(매경ECONOMY, 2021.07.26.)

위원회 구성 및 운영

위원회는 특정 분야에 대한 전문적인 의사결정을 위해 구성되는 것이므로 해당 분야에 대한 전문적 지식과 역량을 갖춘 전문가들로 구성해야 한다. 비대한 위원회보다는 최소 3~5인 이내로 작지만 기민하게 움직이는 위원회가 되도록 구성하는 것이 바람직하다. 위원회 운영에 대한 세부 사항은 위원회의 조직, 운영 및 권한에 관한 명문화된 규정을 따로 마련하면 좋지만, 단체 여건이 안 된다면 이사회 운영 규정을 준용하여 적용하는 것도 좋다.

무엇보다 이사회는 위원회 활동과 결과를 주기적으로 검토하고 논의하여 새로운 위원회 설립을 검토하거나 중복되는 기능이 있는 위원회들의 업무를 합리적으로 조정해야 한다. 위원회 제도가 실효성이 없다면 이사회 운영만으로도 버거운 단체에 굳이 짐을 더 얹을 필요는 없다. 이사회와 위원회를 동시에 운영하는 단체라면 이사회를 온전히 세우는 것이 항상 먼저다. 위원회에서 실무적 결정을 다 논의하고 이사회는 승인만 하는 구조라면 이사회는 단체에 대한 이해와 이사로서 해야 할 역할과 책임에서 멀어지게 된다. 위원회가 이사회의 책임과 부담을 전가하는 면피형 기제가 되어서는 안 된다.

이사의 자질

이사회를 구성할 때 이사의 자질을 따져보지 않을 수 없다. 비영리단체 실무자들 사이에서 "우리가 돈이 없지 가오가 없나."라는 우스갯소리가 있다. 좋은 성품과 탁월함을 갖춘 품격 Dignity 있는 사람이 단체의 이사가 되면 좋지 않겠는가. 단체가 이사진을 채우는 것에 속이 타들어 가도 추천받은 아무나를 단체 이사로 선임할 수는 없는 노릇이다. 그러면 이사직을 수행하는 데 요구되는 이사의 자질이란 무엇일까. 어떠한 역량이 요구되는 것일까.

비영리단체 스스로 그리고 이사 경험이 많은 이사들조차도 이사직을 수행하는 데 어떠한 자질이 필요하다는 생각을 한 번도 하지 못했을 수 있다. 기업 이사 혹은 임원의 자격조건을 보면 리더십, 열정, 추진력, 뛰어난 전문지식, 원만한 대인관계, 성실성, 글로벌 감각, 폭넓은 네트워크, 스피치, 외국어 실력, 그리고 좋은 평판까지 요구한다. 시오노 나나미의 『로마인 이야기』에 나오는 율리우스 카이사르나 가능할 법한 조건이다.

세상에 완벽한 사람은 없다. "능력 있고 믿을 만한 사람"이면 좋은데 이러한 기준이 모호하다. 비영리단체 이사에게 필요한 딱 세 가지 자질만 꼽으라면 인테그리티 Integrity, 서번트 리더십 Servant Leadership, 그리고 전략적 사고 Strategic Thinking 를 들 수 있다.

인테그리티 Integrity

인테그리티는 자신이 옳다고 믿거나 생각하는 것을 말과 행동을 통해
일관성 있게 실천하는 것이다. 영미권 국가에서는 조직에서 인테그리티를
중시하고, 최고의 직원을 말할 때 "Man of Integrity"라는 표현을 쓴다. 기업
의 윤리강령에서 "Leadership with Integrity", "Ethics with Integrity"라는 표
현을 자주 볼 수 있다. 도덕성, 윤리성, 정직함, 성실함, 청렴성, 올곧음···.
우리나라 말로 치환할 수 있는 정확한 단어가 없다. 윤리적 성실성이라고
번역하면 그나마 의미를 잘 담은 것 같은데 그래도 뭔가 부족하다.

인테그리티를 영어사전에서는 두 가지 의미로 정의하고 있다. 하나는
정직하고 강력한 도덕 원칙을 갖는 자질, 도덕적 올바름이라고 되어 있고,
다른 하나는 분열되지 않고 완전한 상태, 온전함으로 정의되어 있다. 즉,
자신이 가진 도덕적 원칙을 어떠한 상황에서도 흔들리지 않고 지킬 수 있
는 온전한 자질을 의미한다고 볼 수 있다.

- The quality of being honest and having strong moral principles : moral uprightness(정직하고 강력한 도덕 원칙을 갖는 자질, 도덕적 옳음)
- The state of being whole and undivided; wholeness and unity(분열되지 않고 완전한 상태, 온전함)

인테그리티는 윤리와 리더십을 대표하는 핵심 단어이다. 비즈니스 현장
에서 정직함 Honesty 보다 인테그리티를 강조하는 이유는 정직은 현실의 요
구를 반영할 필요가 없는 품성이고 결과에 상관없이 정직하기만 하면 되

지만, 인테그리티는 현실의 요구를 반영한 정직이며 결과까지 책임을 지는 품성이기 때문이다.[5] 비영리단체의 이사직도 "꾸밈없이 바르고 곧은" 정직함으로 끝나는 것이 아니라 정직함으로 성과를 만들어내고 결과를 책임질 수 있어야 하기 때문이다. 단체의 목적을 달성할 수 있도록 기여하고, 다양한 이해관계자들의 입장을 대변하며 그들의 이익을 보호하고, 현실을 정확하게 인식하고 분석하여 판단할 수 있는 능력이 필요하다.

서번트 리더십 Servant Leadership

비영리단체 이사에게는 자기 인식을 중요시하여 개인적 삶을 반성 Reflection 하고 영적 자원의 중요성을 인식하며, 타인에 대한 봉사와 섬김을 강조하는 서번트 리더십이 필요하다. 서번트 리더십은 1970년 로버트 그린리프 Robert K. Greenleaf 가 처음으로 주창한 개념인데 당시에는 조직 현실과 동떨어진 이상적 이론이라며 관심을 받지 못하다가 2000년대 이후 다양한 학문 분야와 조직에서 주목받고 있다. 서번트 리더는 스튜어드십 Stewardship 과 의무에 따라 행동하며 추종자의 성장과 사회 전체의 이해를 향상한다. 그들은 권력, 권한, 그리고 정보를 축적하기보다 공유하려고 한다. 서번트 리더는 다른 사람의 성장과 성공을 먼저 도와주는 가운데 전체 조직의 목적을 향해 이끌어 가는 리더십 행위로 정의할 수 있다.[6]

비영리단체 이사들은 이사회 회의에 잠깐 참석하고 자문하는 역할로 만족하는 경우가 많다. 하지만 이사회의 역할과 책임을 제대로 인식한다면 이사회에 속한 이사들은 서번트 리더십을 발휘해줘야 한다. 이사들은 서번트 리더로서 실무진들과 진실한 관계를 형성하고 상호관계적인 힘을 중요시하며, 그들이 성장할 수 있는 환경을 구축하는 데 관심을 가져야 한다. 타인에 대한 섬김과 봉사가 단순히 봉사활동을 의미하는 수준이 아니라 구성원의 자율성과 공동선을 강화하는 고차원적 수준에서의 서번트 리더십이 발휘되어야 한다.

전략적 사고 Strategic Thinking

비영리단체 이사들은 전략적으로 사고할 수 있어야 한다. 전략적 사고는 모든 조직의 리더에게 요구되는 자질로 '비즈니스맨의 날개'라고 불린다. 불확실한 환경에서 체계적이고 논리적인 분석과 여러 요인을 통합해 미래에 예측되는 시나리오를 명쾌하게 창조하는 사고라고 할 수 있다. 요즘처럼 불확실성이 높고 예측 가능성이 낮은 환경에서 한순간의 잘못된 의사결정은 조직의 존망을 좌우하기도 한다. 기업과 달리 비영리단체는 생존을 늘 고민하지만 그렇다고 스스로 해산하지 않는 이상 적어도 망하지는 않는다. "Change or Die(변화하거나 죽거나)"라는 절박함이 상대적으로 느슨해서 빠르게 움직이고 판단하고 실행해가는 전략적 사고가 단체 이사들에게서도 좀처럼 보이지 않는다.

갤빈은 그의 저서 『굿 거버넌스, 어떻게 할 것인가』에서 이 세상에는 관리형, 협력형, 항해형 오직 세 가지 유형의 이사회가 있을 뿐이라고 말한다. 관리형 이사회는 단체장과 실무진에게 과업과 프로젝트를 위임하고, 협력형 이사회는 조직관리를 위임하고 정책개발에 집중하며, 항해형 이사회는 정책을 검토하고 수립하는 일을 위임하고 전략적 방향을 모색한다. 이 중 항해형 이사회는 조직이라는 블랙박스 뚜껑을 닫고 조직은 단체장이 관리하게 하고, 이사회는 감독만 하면서 새로운 기회를 만들거나 조직의 생존에 끼칠 환경 변화에 초점을 맞춘다. 비영리단체 이사회 역할 중 가장 중요하면서도 가장 취약한 부분이다.

갤빈은 항해형 이사회에서 전략 수립 역할을 강조했지만 다른 유형의 이사회라고 해서 이러한 역할을 수행하지 않아도 되는 건 아니다. 모든 이사회는 단체의 전략기획팀이 되어야 하고, 이사들은 자신의 역할을 효과적으로 수행하기 위해 전략적 사고를 하는 전략가가 되어야 한다. 전략적 사고는 그냥 저절로 되는 것이 아니라 주변 환경과 현재 상황을 깊이 있게 인식하고 두려움 없이 결정할 수 있어야 하며, 그러한 문제의식은 단체에 대해 더 많이 알고 더 많이 고민한 사람에게서 나올 수 있다.

기존 이사진이 이러한 부분이 부족하다면 중대한 변화를 주도해본 경험이 있거나 대의를 위해 과감한 결단을 내릴 수 있는 전략가를 새로 영입해야 할 것이다. 이사회는 단체의 최고 의사결정기구로서 단체가 목적을 달성하기 위한 전략을 수행해가는 수많은 과정과 그 과정에서 발생하는 다양한 변화를 탄력적이고 유연하게 대처해가며 매 순간 최선의 결정을 내려야 한다. 이사들은 전략적 사고를 통해 단체장과 실무진들에게 전략적 통찰을 줄 수 있어야 한다.

책임지는 이사회 운영

5장

책임지는 이사회 운영

효율적인 회의 구조화

이사회 회의가 시작되었다. 의장의 개회선언, 전 회의록 통과, 회계 보고와 경과보고 등이 이어진다. 이어서 회의 안건으로 올라 온 사안에 대해 실무책임자가 설명하고, 의장의 진행하에 이사들의 질의 및 토의가 이루어진다.

- **A단체** : 의장이 본격적인 회의에 앞서 이사들의 근황을 나누겠다며 갑자기 근황 토크를 시작한다. 사연 많은 이사님들 덕분에 근황은 한풀이, 무용담, 연대기로 변하고 회의 시간의 반이 훌쩍 지나간다. 정작 안건은 제대로 다뤄보지도 못하고 밥 먹으러 가자는 의장님 제안에 회의가 급마무리된다.

- **B단체** : 사안에 대해 이사들이 궁금한 내용을 질문하고 실무책임자가 답변한다. 한참 질의응답이 오가다가 호기심 많은 이사님 덕분에 다른 안건들이 툭툭 튀어나와 옆길로 빠지기도 한다. 시간이 많이 경과하니 의장은 실무책임자에게 면밀히 검토해보고 진행하라고 지시하고 회의가 급 마무리된다.
- **C단체** : 단체 활동에 관심이 높은 열정적이고 헌신적인 이사님들이 안건에 대한 다양한 의견을 내놓는다. 하느냐 마느냐, 된다 안 된다 각자의 생각들이 첨예하게 엇갈리며 대립하고, 가끔 고성이 오가기도 한다. 의장은 흥분한 이사들을 위워 시키느라 진땀을 빼고 회의 시간은 예정된 시간을 훌쩍 넘겨 버린다. 결국 안건에 대해서는 결정이 나지 않고 다시 회의를 소집하기로 결론을 내리고 회의가 급 마무리된다.

무서울 정도로 비효율적인 이사회 회의. 다들 한 번씩은 경험해 봤을 것이다. 어떤 문제도 해결되지 않고, 모든 결정은 다음 회의로 미루고, 모두가 시간만 허비하는 소모적인 회의. 이사회 회의는 이사회가 자신의 임무를 제대로 수행할 수 있는 자리이다. 회의를 통해 단체 전반에 대한 운영사항을 점검하고 이에 대한 의사결정이 이루어진다. 중요한 회의가 시간, 비용, 그리고 진까지 빼는 회의가 되지 않으려면 모든 회의는 기획되어야 한다. 회의가 시작하기 전부터 시작해서 회의가 끝날 때까지 관리되어야 한다.

회의 목적

회의는 두 명 이상의 사람이 모여 어떤 주제에 관해 논의하는 것, 또는 그 일을 하는 모임을 말한다. 목적이 명확하지 않은 회의가 비효율을 낳는다. 효율적인 회의는 목적을 설명하는 것으로 시작해 문제를 해결하는 것으로 끝난다. 회의 목적은 회의 안건으로 명확하게 표현된다. 사무국은 사전에 안건을 논의할 수 있는 최고 임원들 혹은 집행위원회가 있다면 그들과 충분한 숙고를 거쳐 회의 안건을 반드시 명확하게 정리해야 한다. 정리된 문건은 회의 1주일 전에는 이사진과 공유하여 회의 목적과 내용을 사전에 인지하고 올 수 있도록 한다. 회의 목적에 따라 회의 종류가 달라질 수 있다.

- **정기회의** : 규정에 따라 정기적으로 열리는 회의로 주로 사업계획, 재정, 선출 등 안건에 대한 검토와 승인, 결정을 목적으로 하는 회의
- **운영회의** : 재정 상황, 기금모금, 신사업계획 등 단체 운영에 관한 제반 사항을 협의하는 것을 목적으로 하는 회의
- **문제해결** : 중차대한 사안이 발생하여 갈등과 문제의 원인을 탐색하고 이를 해결하는 것을 목적으로 하는 회의
- **정보공유** : 단체와 관련하여 이사들이 꼭 알아야 하는 사항을 보고하고 소통하기 위하여 개최하는 회의
- **전략기획** : 단체의 목적과 방향 재수립, 단체정관 검토 및 수정, 새로운 규정 마련, 새로운 기회 탐색 등을 목적으로 하는 회의
- **상호유대** : 이사회 내부 결속과 친목을 목적으로 열리는 회의
- **역량 강화** : 이사직을 수행하는 데 필요한 기본적인 지식과 소양을 쌓기 위해 교육을 목적으로 열리는 회의

회의 방식 : 대면 회의와 비대면 회의

비영리단체 이사회는 통상 대면으로 이루어져 왔다. 사람이 모이고 얼굴을 마주하며 관계를 맺고 소통하는 것은 비영리단체가 선호하는 일하는 방식이다. 그러나 코로나19 전과 후 이사회 회의 풍경도 달라졌다. 최근

2~3년간 줌을 통한 이사회 회의는 일상화된 풍경이 되었다. 글로벌한 단체나 전국에 지부를 가진 단체들은 이사회 회의 때마다 이동의 불편함 없이 모이는 것이 쉬워졌다. 회의 목적에서 벗어나는 논의나 불필요한 사적 대화가 줄어 회의가 더 효율적으로 진행되어 좋다는 의견들도 있었다. 목적에 충실하고, 시간과 비용을 아낄 수 있으며, 장소에 구애받지 않고 각자 편한 장소에서 만날 수 있으니 얼마나 좋은가.

하지만 가끔 인터넷 연결상태가 좋지 않아 발언자가 정지상태에 있거나, 화상회의 도구 사용이 익숙하지 않은 사용자들로 잡음이 생기고, 들어오고 나가기를 반복하는 사람, 비디오를 끄고 있는 사람 등 방해 요소가 너무 많다. 미국 컬럼비아대 경영대학원 연구진이 국제학술지『네이처』에 발표한 연구에 따르면 화상회의는 회의를 위해 온 신경을 화면에 집중시키는 탓에 창의적 아이디어가 나올 틈을 막아버릴 가능성이 크다고 한다. 서로 격의 없이 나누는 이야기 속에서 새로운 발상의 단서를 얻고 발전시켜

❄ 대면 회의 vs 비대면 회의

구분	대면 회의	비대면 회의
장점	• 관계 맺음 및 네트워킹 • 원활한 소통 • 브레인스토밍 활발 • 바디랭귀지와 표정을 통한 실시간 피드백 • 깊이 있는 대화 및 상호교감	• 이동시간과 비용 절약 • 장소제약 없음 • 안건 중심의 회의 진행 • 채팅창을 통한 실시간 자유로운 의견 게시 • 정보전달과 공유에 효과적
단점	• 이동시간과 비용 발생 • 장소제약 • 불필요한 사적 대화 • 의견대립 시 감정 격화 • 상대방 반응, 눈치 등 비합리적 의사결정	• 기술적 한계(인터넷 연결 끊김, 매체 사용 미숙 등) • 집중력 저하 • 창의적 발상 저해 • 유대감 형성 어려움 • 비언어적 신호 파악 어려움

나가는 브레인스토밍이 잘 안 된다는 얘기다.

대부분의 비영리단체는 비대면 회의보다 대면 회의를 선호하며, 거리두기 해제 이후 비대면 회의의 장점에도 불구하고 대면 회의를 진행하고 있다. 각각의 장단점을 파악해 회의 목적을 달성하기에 가장 효과적인 방법을 선택하면 된다. 회의 방법이나 도구는 바뀌더라도 회의 모습과 의미는 바뀌지 않는다.

회의 장소 : 회의실 회의와 감성 회의

이사회 회의는 일반적으로 단체 내 회의실 혹은 외부공간을 대여하여 회의실을 기반으로 이루어진다. 회의실 상단 중심에 의장이 배석하고, 양옆으로 길게 이사들이 자리하게 된다. 안건을 논의하고 협의하기에 최적화된 구조라서일까 아니면 권위와 위계를 보여주는 구조가 필요해서일까 좀처럼 바뀌지 않는 풍경이다.

공간은 인간의 사고를 지배한다. 어떠한 공간에서 일하는지에 따라 업무 효율도 달라진다. 요즘 글로벌 기업들은 창의적인 아이디어를 도출하고, 서로 수시로 협업하며, 자유롭게 일할 수 있는 최적의 환경을 제공하는데 공을 들인다. 비영리단체도 공간에 대한 인식이 높아지면서 재정적 여력이 있는 대형단체, 기업재단, 중간지원조직 등은 대규모 홀, 교육 장소, 회의실, 협업 공간 등 수준 높은 공간이 늘어나고 있다.

이사회 회의라고 해서 항상 엄숙할 필요는 없다. 안건에 따라 답답하고 삭막한 회의실에서 벗어나 공간의 변화를 줘도 좋다. 1년에 1번쯤은 자연으로 나가도 좋고, 감성이 물씬 묻어나는 공간을 찾아가도 좋다. "인생을 바꾸려면 공간을 바꿔야 한다." 프랑스 철학자 앙리 르페브르 Henri Lefebvre 가 그의 저서 『공간의 생산 La Production De L'espace』에서 한 말이다.

미국 시애틀에 있는 아마존의 본사 건물 옆 '더 스피어스 The Spheres'는 아파트 12층 정도인 30m 높이에 지름 40m의 거대한 유리 돔 3개를 겹쳐 놓은 듯한 구조물로서 400여 종의 식물 4만 점을 심었다. 사무실이라기보다는 열대우림과 같은 일터다. 당연히 책상 칸막이도 없다. 직원들의 창의적인 아이디어를 끌어내기 위해 마련한 특별한 사무용 건물이다. 내부에는 나무로 된 회의실과 강, 폭포도 만들어져 있다.[1] 비영리단체가 이러한 공간을 만들 수는 없지만 빌릴 수는 있다. 이사님들이야말로 네트워크의 보고 아닌가. 심각한 사안을 다루는 회의일수록 이성과 감성이 공존하는 공간에서 이루어진다면 더 여유로운 마음으로 창의적이고 합리적인 해결책이 나오지 않을까.

회의 횟수와 시간

국내 이사회 횟수는 연간 평균 3.5회, 이사회 참석률은 81%로 나타났다.[2] 통상 분기별로 1번 정도 이사회가 소집되고 있으며 참석률은 높다고 볼 수 있다. 이사회 회의 횟수와 참여도로 볼 때 1위는 한국YWCA연합회일 것 같다. 매달 이사회가 열리고 참석률도 매우 높다고 한다. 그나마 2022년부터 격월로 변경했다. 이사회 회의가 연 6회도 너무 많다고 생각했는데 미국 비영리단체들은 평균 7.3회라고 하니 격월 이상으로 회의가 열리는 것이다. 회의가 너무 이루어지지 않는 것도 문제지만 회의가 너무 많은 것도 문제고, 너무 짧거나 길어도 문제다.

효율적 의사결정을 위해서는 적절한 횟수와 시간을 정할 필요가 있다. 단체마다 당면 현안과 이사회의 역할 및 참여 수준에 상당한 차이가 있어서 이사회 개최 횟수를 일률적으로 정하는 것은 어려운 일이다. 그러나 이사회의 기본적인 역할과 책임을 완수하기 위해서는 최소한 분기별로 1회

이상 정기 이사회를 개최하는 것이 바람직하며, 단체상황에 따라 수시로 임시 이사회를 개최하도록 규정하면 된다.

직장인들이 생각하는 적당한 회의 시간은 30분이라고 하는데, 1년에 3~4회 모이는 이사회 회의를 30분 안에 끝내기는 무척 어렵다. 장시간 회의에 대한 피로감이 높아 이사회 회의도 점차 시간은 줄어들고 있지만, 횟수와 시간이 줄어든 만큼 안건은 늘어나고 있다. 회의 시간은 1~3시간 이내로 이루어지는데 참여자의 집중도를 고려할 때 회의 시간은 짧을수록 좋다. 하지만 무조건 빨리 끝난다고 좋은 회의가 이루어진 것은 아니며 안건을 충분히 토의하고 올바른 의사결정이 이루어졌는지가 더 중요하다. 정해진 회의 시간을 효율적으로 사용하여 의사결정의 질을 높이는 것이 관건이다.

회의 자료 사전 준비

회의 자료는 회의 1~2주 전에는 이사들에게 개별 발송하여 이사들이 내용을 숙지하고 참여할 수 있도록 해야 한다. 회의 자료에는 안건에 대한 충분한 정보가 포함되어 이사들의 올바른 의사결정을 도울 수 있어야 한다. 일반적으로 실무적 편의를 위해 발표용으로 작성된 파워포인트 자료를 공유하는 경우가 많다. 파워포인트 자료는 전체적인 개요를 파악하기에는 유용하지만 인과관계 및 논리가 잘 드러나지 않아 행간의 의미를 파악하기 힘들다. 아마존은 비효율적인 회의 개선을 위해 회의에서 파워포인트를 없애고 보고서를 서술형으로 작성하는 것을 규칙으로 정했다고 한다. 가급적 이사회 회의 자료는 서술형 보고서로 작성하자. 회의 자료 작성 시 다음 사항을 주의토록 한다.

- 회의 목적과 안건을 명확히 적시
- 다양한 배경을 가진 이사들이 쉽게 이해할 수 있도록 평이한 용어 사용(새로운 용어, 전문적 용어, 단체 고유의 언어 등은 설명 제공)
- 자료가 산만해지지 않도록 본론 외 참고자료는 별첨
- 정보공유를 위한 자료는 사실에 근거하여 작성(참고문헌 표기)
- 의사결정을 위한 쟁점이 담긴 자료는 객관적이고 중립적으로 작성

아마존은 회의에서 왜 파워포인트를 없앴을까?

2006년 무렵 제프 베조스(Jeff Bezos)는 항목별 자료 작성을 금지하고 서술형으로 작성하는 것을 규칙으로 정했다. 저자는 파워포인트 자료가 행간을 제대로 읽어내기가 어렵고, 누가 읽느냐에 따라 행간에 대한 이해도 다를 수 있을 뿐 아니라 나중에 회의 자료를 들춰봤을 때 어떤 내용이었는지 기억하기가 어렵다고 지적한다. 이러한 단점을 보완한 것이 바로 아마존의 1페이지(간단한 보고용), 6페이지(규모가 큰 보고용) 자료 작성법이다.

아마존식 자료 작성법의 핵심은 싱킹 백워드(Thinking Backward) 혹은 워킹 백워드(Working Backward)라는 개념으로 거꾸로 생각하기다. 일반적으로 계획을 세울 때는 현재의 능력과 시장 환경을 고려해서 작성한다. 그런데 아마존은 처음에 목표를 정해두고, 이를 위한 무엇을 해야 할지 거꾸로 생각하는 것이다. 아마존에서는 뭔가를 생각하거나 제안할 때 거꾸로 생각하는 접근법을 당연하게 여기고 회의 자료도 이런 사고방식에 따라 만들어진다. 여기에서도 볼 수 있듯이 아마존의 고객 중심주의가 회의에서도 고스란히 적용된다. 아마존의 혁신적인 성과가 바로 이러한 회의방식에서 비롯되었다.

아마존도 처음에는 보통의 회사들과 회의방식에 차이가 없었다. 파워포인트를 사용한 프레젠테이션도 일반적이었다. 하지만 서비스 지역이 확대되고 조직이 커지면서 효율성을 높여야 했고, 비효율적인 회의방식을 끊임없이 개선해 지금의 방식에 이르렀다. 불필요한 회의에서 혁신은 생겨나지 않는다.

* 사토 마사유키(2021), 『아마존처럼 회의하라』, 반니

민주적인 회의를 위한 기술

회의적인 Skeptical 회의

세상에 여러 가지 종류의 회의가 있지만 그 의미는 모두 같다. 어떠한 목적이 있고, 그 목적을 달성하기 위해 건설적으로 서로 논의하는 것이다. 회의의 목적을 놓친 회의는 쓸데없는 시간 낭비에 불과하다. 직장인들은 하루에 평균 네 번 회의한다고 하니 회의가 하나의 업무라고 볼 수 있다. 2020년 잡플래닛 조사에 따르면 10명 중 4명은 "회의 왜 하는지 모르겠다." 회의 시간이 너무 비생산적이라고 응답했고 이러한 비율은 해를 거듭할수록 늘고 있다. 반면, 카카오를 비롯한 일부 회사의 직원들은 "회의가 재밌다."라는 긍정적 평가도 있었다. 이런 회사들은 자유롭게 의견을 개진하는 등 회의 분위기가 좋고, 회의가 브레인스토밍, 정보공유 등 업무에 도움이 되어 생산성 향상에 기여하는 것으로 나타났다.

이사회 회의문화

이사회 회의장에는 단체 특유의 공기가 흐른다. 어떤 곳은 너무 삭막하고 어떤 곳은 너무 고양되어 있다. 너무 어두워도 그저 밝기만 해도 뛰어난 결론을 얻을 수 없다. 조직에서 이루어지는 수많은 회의는 상급자 의견 중심으로 결론이 나는 권위적인 회의인 경우가 많다. 비영리단체 이사회도 의장이 자신의 역할을 제대로 인식하지 못하는 경우 여러 이사들의 이견을 조율하여 결론을 도출하는 것이 아니라 자기 생각을 이사들에게 관철해 결론화하는 경우가 많다(권위형). 이사회를 구성하는 이사들 역시 자신의 분야에서 성공을 경험한 사람들로서 자신만의 사고 틀이 확고한 경우가 많다. 다른 사람의 의견을 듣는 것 같은데 결국 자신의 의견을 끝까지

고집하는 유형(고집쟁이형), 다른 사람의 의견이 자기 생각과 조금만 달라도 발끈해서 반박하는 유형(발끈형), 다른 사람의 의견을 끝까지 듣지 않고 중간에 말을 자르는 유형(말 끊기형), 다른 사람의 의견을 주의 깊게 듣지 않는 유형(자기맘대로형), 최대한 빠르게 회의를 끝내려는 유형(속전속결형) 등 회의실 태도도 천차만별이다.

지루하고 격론만 오가는 회의가 아니라 이사회가 해야 할 일을 제대로 해내는 효과적인 이사회 회의를 위해 다음 사항을 명심해야 한다.

- **보고와 지시 사항만 있는 회의는 의미 없다**

  보고와 자료에 대한 세부 질문은 간소화하고, 공론과 숙의에 집중할 수 있도록 회의를 기획해야 한다.

- **회의가 한 사람의 의견에 좌우되어서는 안 된다**

  영향력 있는 일부 이사의 의견을 중심으로 결론이 나는 회의는 모두를 무력감에 빠뜨린다.

- **핵심을 벗어나지 말고 생각을 정리해 발언하라**

  횡설수설, 중언부언은 이사회 시간 잡아먹는 하마다. 주어진 발언 기회와 발언 시간을 지켜 단순명료하게 본론만 말해야 한다.

- **자신의 의견을 밀어붙이지 말고 상대방을 설득해라**

  강압과 감정적 대화는 갈등의 골만 깊어진다. 합리적 근거와 논리로 상대방의 공감을 얻어내야 한다.

- **결정된 사안에 대해서는 한목소리를 내야 한다**

  이사들은 자신이 동의하지 않았더라도 다수결로 결정된 합의는 존중하고 따라야 한다. 다른 목소리를 내는 것은 거버넌스 절차를 훼손하는 행위다.[3]

효과적인 회의 기술

사실 우리는 매일 회의하면서도 회의를 제대로 배워 본 적이 없다. 특히 일방향적 교육과 위계적인 조직 생활을 경험한 MZ세대 이전 세대의 이사진은 더욱 그렇다. 회의를 망치고 싶은 이사들은 아무도 없을 것이다. 모두 단체의 발전을 위해 선한 의도를 가지고 자신의 시간을 기꺼이 내어 참석했다. 자기 생각을 표현하고 상대의 말을 경청하고, 나와 다른 의견에 어떻게 대처하는지 미숙할 뿐이다. 회의가 변하면 이사회도 변한다. 목적에 충실한 효과적인 이사회 회의를 위해 회의 기술을 사용할 수 있다.

경청을 위한 토킹 스틱 Talking Stick : 끼어들기 금지

토킹 스틱은 아메리카 원주민 이로코이 Iroquois 족이 회의 때 사용하는 1.5m 길이의 막대기를 말한다. 이로코이족은 여러 부족이 연합을 이루고 있지만 분쟁이나 다툼이 거의 없는 연방으로 알려져 있다. 그 비결은 연방 추장의 지팡이에 있다. 이들은 회의나 논쟁할 때 추장의 지팡이를 들고 있는 사람만 발언권을 주는 것으로 지팡이를 들고 있는 사람은 자신의 의견을 충분히 말하도록 했고 나머지는 경청하도록 했다. 발언자는 자기 뜻을 모든 사람이 정확하게 이해했는지 확인 후 다음 사람에게 지팡이를 넘겨준다. 이를 통해 모두가 자기의 의견을 충분히 말하도록 했고 과반의 요구를 따라 소수가 굴복하는 형식이 아닌, 모두가 인정할 수 있는 최선의 방법을 제시할 수 있었다. 토킹 스틱은 말하는 것을 도와주는 도구가 아니라 경청을 도와주는 도구이다.[4]

"입 닥쳐 Shut up!" 미국 대선을 앞두고 도널드 트럼프 대통령과 조 바이든 전 부통령의 1차 TV 토론장에서 바이든 후보가 시종일관 끼어드는 트럼프에게 던진 말이다. 미국 대통령이 되겠다는 대선주자들의 대화치고는 수준이 떨어진다. 하지만 한편으로는 차마 입 밖으로는 꺼내지 못했지만, 이 말을 던지고 싶었던 적이 다들 한 번쯤은 있을 것이다.

이사회에는 지식, 경험, 능력을 갖춘 저명한 인사들이 많다. 각자 생각도 많고 할 말도 많은 사람들이다. 일부 이사들은 자신의 의견, 생각, 아이디어를 가지고 상대방이 말을 끝맺기도 전에 말허리를 자르며 끼어든다. 일의 성공적인 결과는 상대방과의 교류 속에서 상대방의 메시지에 귀를 기울이는 태도와 공유할 수 있는 의미를 제대로 만들어낼 수 있느냐에 달려 있다.

이를 위해서는 상대방이 이야기를 끝낼 때까지 조용히 들어야 한다. 상대방의 이야기에 귀를 기울이고 흥미와 공감을 보이면 상대방의 반응도 크게 달라진다. 사람은 누구나 자기 말을 경청해주기를 바라기 때문이다. 이사들은 머리만이 아니라 마음으로 상대방의 말을 경청하는 것을 훈련해야 한다. 이로코이족이 사용하는 토킹 스틱을 아마존에서 주문하지 않아도 된다. 단체 굿즈나 주변의 간단한 도구를 사용하면 된다. 한 번 말하고, 두 번 듣고, 세 번 맞장구쳐주는 습관을 훈련하는 것이 핵심이다.

공정성을 위한 코인 Coin : 동등한 발언 기회

코인은 발언 기회를 의미한다. 각자 3개의 코인이 주어졌다면 회의가 진행되는 동안 3번의 발언 기회가 주어진 것이다. 이사회 회의에서 이사들은 누구나 소신껏 자유롭게 발언하고 표결할 수 있는 자유가 인정된다. 하지만 자유는 제한된 범위 내에서 발휘되어야 한다. 어디를 가도 말을 하는 사람은 소수이고 그들에 의해 의사결정이 주도된다. 특히, 의장이나 영향력이 큰 일부 이사가 발언을 독점하지 않도록 발언 기회는 참석자 모두에게 골고루 주어져야 한다.

이사가 7인 이내의 소규모 이사회는 발언 기회가 상대적으로 많지만, 이사가 20인 이상인 대규모 이사회는 회의 시간 동안 단 한 번의 발언 기회를 얻기도 쉽지 않다. 모 단체의 이사회는 "한 회의가 진행되는 동안 개인당 발언 기회 최대 2번, 1회 발언 시간 2분 이내" 등의 그라운드 룰을 정해서 회의를 진행하기도 한다. 코인은 동등한 발언 기회를 보장하여 공정하고 민주적으로 회의가 진행되도록 돕는다.

다양성을 위한 의도적 악역 : 집단사고 극복

의도적 악역 Devil's Advocate(악마의 변호인)은 토론을 원활하게 하기 위해 의도적으로 반대 견해를 취하는 사람을 두는 것을 말한다. 악마의 변호인이라는 개념은 로마 가톨릭 교회의 시성식에서 나왔다. 악마의 변호인은 법률을 담당하는 변호사로 교회의 권한에 의해서 임명이 되며 그릇된 추대를 막기 위해 후보에 대해서 회의적인 시각을 가지고, 후보를 검증하는 역할을 맡았다. 동시에 악마의 변호인에게 반대되는 역할을 맡은 사람을 '신의 대변인 The God's Advocate'으로 붙여 균형을 맞추도록 했다. 신의 변호인은 후보에 찬성하는 역할을 하며, 후보의 좋은 점을 부각하고, 긍정적인 부분에 더욱더 집중하는 역할을 한다.

심리학에서는 한국인의 집단주의를 우리성 We-ness 이라는 개념으로 설명한다. 서양의 집단주의가 구성원들의 공통점과 자율성에 근거한 개인화된 집단주의 Individuated Collectivism 인 반면, 한국인들의 집단주의는 상호의존성과 정 情 이라는 정서에 기반한 관계적 집단주의 Relational Collectivism 를 보인다. 한국인의 집단주의는 온정적 인간관계, 편안함이나 안전함의 원천이 되기도 하지만 때로는 집단에 대한 동조 압력으로 느껴지기도 한다. 집단주의가 극단으로 흐를 때 집단사고 Group Thinking 가 형성된다.

비영리단체 이사회는 의장, 최고경영자, 이사들의 추천을 통해 구성되기 때문에 이사들 간 학연, 지연, 혈연 등의 연관성이나 정치적 혹은 경제적 이해관계가 얽혀 있을 수 있다. 집단주의의 부작용이 활성화하기에 좋은 조건이 형성되어 있다. 집단의 관계 지향적 응집력이 강해 결론에 대한 의견 일치를 지나치게 추구하면서 구성원의 독립적이고 비판적인 생각과 의견을 억제한다. 더욱이 안건은 많고 시간은 짧은 데 반대 의견을 내기에도 눈치 보이고, 숭고한 대의를 위한 대동단결 앞에 찬물을 끼얹기도 쉽지 않다. 그렇게 이사회가 거수기 역할에 충실할수록 단체는 건강성을 잃게 된다.

카톨릭 교회가 그릇된 추대를 막기 위해 악마의 변호인을 둔 것처럼 비영리 이사회는 민주적이고 투명하고 책임 있는 의사결정을 위해 악마의 변호인을 기꺼이 맞이할 수 있어야 한다. 이사회 회의 때 의도적 악역을 만들어 보자. 지루했던 이사회가 긴장감으로 팽팽해지면서 흥미진진한 이사회가 될 수 있다.

규칙 위반을 막기 위한 옐로카드 : 핵심에서 벗어나는 발언 저지

축구 경기에서 반칙이 일어나면 심판은 호루라기를 분 뒤 옐로카드나 레드카드를 꺼내 경고한다. 반칙이 심할 때는 옐로카드로 엄중하게 경고하고 너무 난폭하거나 부정한 행위를 반복하면 레드카드를 받고 그 선수는 퇴장해야 한다. 2022년 국정감사는 외환위기에 버금가는 경제위기 상황에서도 민생은 뒷전이고 고성·고발·퇴장이 난무하는 여야 싸움터로 변모했다. 양향자 무소속 의원은 "마치 훌리건만 가득 찬 그라운드에서 치러지는 폭력 축구 경기 같습니다."라고 강하게 비판했다.

축구선수에게 레드카드는 퇴장과 동시에 반칙 수위에 따라 최소 1경기에서 많게는 3경기까지 출장 정지를 당하기 때문에 매우 치명적이다. 반면, 정치인들에게 국감장에서의 퇴장은 의원직을 상실하는 것도 아니고, 오히려 과격한 말과 행동으로 지지자를 결집하고 사회 양극화를 부추겨 자기 정치를 할 수 있는 기회가 된다. 국감은 삼권분립에 따라 행정권을 입법권으로 '견제'하는 목적이며 '정책감사'가 그 본질이다. 견제하고 감사하라는 주인(국민)이 준 임무를 제대로 수행하지 못한 것에 대한 책임감은커녕 사회적 지위에 걸맞은 품위를 유지하지 못한 것에 대한 최소한의 수치심도 느끼지 못하는 것 같다.

비영리단체 이사회 회의장은 국감장처럼 고성과 감정싸움으로 분위기가 험악해져 이사를 퇴장시켜야 하는 상황이 일어나지는 않는다. 하지만 목적과 주제에 어긋난 발언, 관계없는 환담, 자료에 대한 세부사항 질문으로 시간을 지체하는 등 옐로카드를 주고 싶은 상황은 많다. 이사회 회의에 관한 그라운드 룰은 없거나 느슨하다. 물론 회의 규정을 정관에 명시하거나 별도로 명문화한 단체도 있다. 회의 구성, 소집요건, 의결사항, 정족수 및 의결조건, 회의록 기재 사항, 회의록 수정 및 공유 등을 담고 있다. 회의 진행은 오롯이 의장의 몫이다.

이사회 회의 시간의 상당 부분은 보고에 할애되고, 보고가 끝나면 자료에 대한 질의가 이루어진다. 질의가 끝나고 나면 시간이 얼마 남지 않아 짧은 토의와 이사들의 개별 코멘트 정도로 마무리된다. 민주적 토론과 숙의가 활성화되려면 보고와 자료에 대한 세부 질의를 줄여야 한다. 이사회 회의 1주일 전에는 회의 자료가 공유되도록 하고, 이사들은 반드시 자료를 숙지하고 참석해야 한다. 자료는 되도록 파워포인트보다 서술형으로 작성된 문건이 좋다. 파워포인트 자료는 핵심을 빠르게 파악하기 쉽지만 행간을 제대로 읽어내기 어렵다. 이사들은 사업에 대한 세부적인 내용들, 본인들의 개인적인 관심사나 궁금한 점 등은 따로 해결해야 한다. 이사회가 미시적 관리에 매달려 있으면 정책 거버넌스로 나아갈 수가 없다.

이사들에게 회의 중에 실제 옐로카드를 주는 것은 어색하고 불편한 일이다. 의장도 이사도 수용할 수 없을 것이다. 모두가 동의할 수 있는 우리 이사회만의 옐로카드, 유쾌한 그라운드 룰을 만들어 보자. 본질이나 논점에서 벗어날 때 심각한 경고가 아니라 유쾌한 환기를 해주는 것이다. 의도적 악역을 맡은 악마의 대변인이 깃발을 들거나, 회의에 참석한 실무자 중 한 명이 해당 이사에게 음료수나 다과를 건네는 것으로 사인을 만드는 방법도 가능하다. 가장 많은 사인을 받은 이사가 그날 회의 후 전체 밥값을 내는 것도 기분 좋은 벌칙이 될 수 있다.

상호존중을 위한 마법의 단어 : "부탁합니다", "감사합니다", "죄송합니다"

개인 생활이나 조직 생활에서 상대방의 호감을 살 수 있는 가장 훌륭한 마법의 단어 세 가지가 있다. "부탁합니다, 감사합니다, 죄송합니다." 우리나라 사람들은 대체로 감정표현에 서툴다. 이사회도 아무리 공적인 자리라도 감정을 가진 사람들이 모인 곳이다. 관계는 감정이다. 정중한 표현은 마음 상한 이사도 춤추게 한다. 예의를 지키면 천하를 누빌 수 있고 예의를 갖추면 사람을 얻을 수 있다.

이사회 회의를 하다 보면 서로의 생각이 달라 의견이 대립하고 갈등이 발생한다. 특히, "죄송합니다"는 "부탁합니다", "감사합니다"보다 더 어렵다. 자신의 실수를 인정하고 사과하는 것은 쉬운 일이 아니다. 사과할 때를 놓쳐서 제대로 마음을 표현하지 못하면 감정의 골이 깊어질 수 있다. 용서를 구한다고 다 해결되는 것은 아니지만 사과할 때 사과할 줄 아는 용기를

내는 것은 문제해결의 시작이다. 적절한 타이밍에 진정성을 담은 세 단어
는 빛을 발한다.

> "세상에서 가장 어려운 일이 뭔지 아니?"
> "흠…. 글쎄요. 돈 버는 일? 밥 먹는 일?"
> "세상에서 가장 어려운 일은 사람이 사람의 마음을 얻는 일이란다."
> – 생텍쥐베리, 『어린 왕자』

회의록 작성 및 공개

회의록의 중요성

아무도 안 보는 회의록을 왜 꼭 기록해야 할까? 이사회 회의에서 필요한
안건에 대해 서로의 의견을 공유하고 방향성 혹은 결론이 났다면, 사후 보
고 및 정리도 매우 중요하다. 회의록은 회의에서 토의된 중요한 내용과 결
정된 사항들을 적절한 형식을 갖추어 정확하고 논리적으로 기록해야 하는
기록문서 중 하나이다. 나중에 남는 건 회의록밖에 없다.

회의 결과를 작성한 회의록의 의미는 첫째, 영상기록이 있지 않은 한 주
요 결정 사항 및 진행 상황을 확인할 수 있는 유일한 객관적 근거이다. 회
의 결과를 실행에 옮길 때 오고 갔던 내용과 결론을 잊어버리기도 하고, 결
정 사항이 번복되는 경우 회의록은 증거서류가 된다. 둘째, 회의에 나온 이
야기를 정리하지 않는다면 또 다른 회의를 발생시킬 수 있어서 회의의 효
율을 높이기 위해서라도 회의 후 결론을 내리고 이를 정리하는 것이 중요
하다. 셋째, 회의를 통해 나온 이야기를 정리하면서 진행한 회의의 의미를
다시 되새기며 내용 정리 후 결론을 내릴 수 있다. 만약 결론을 내리지 못

하고 서로의 의견만 오고 가는 회의였다면 아무 의미 없는 회의로 마무리될 수 있으므로 회의 내용 정리를 통해 결론을 내리고 이를 공유하여 실행에 반영할 수 있도록 해야 한다.

회의록 작성 방법

회의록을 작성하기 위해서는 구성요소를 설계해야 한다. 이사회 회의 후 단체로부터 정리된 회의록을 보면 어지러웠던 회의만큼이나 회의록도 정신이 없는 경우가 많다. 어떤 회의록은 너무 장황하여 도대체 결론이 뭔지 알 수 없고, 어떤 회의록은 너무 간결해서 꼭 필요한 정보도 담고 있지 않은 경우가 있다. 회의 목적에 따라 구성요소가 달라질 수 있겠지만 일반적으로 다음 10가지는 회의록에 꼭 기입하도록 한다.

- 회의명
- 일자, 시간, 장소
- 작성자
- 참석자(인원수), 불참자(인원수)
- 회의 목적
- 회의 안건
- 회의내용
- 결정 사항 및 유보사항
- 다음 회의 일정 및 장소
- 다음 회의 안건

회의가 정해진 순서에 따라 순차적으로 이루어지면 좋겠지만 막상 회의가 진행되다 보면 당일 단체상황, 참석자와 분위기, 진행자와 의장의 재량에 따라 순서가 바뀌기도 한다. 토의 및 협의 과정에 있어서는 안건이 서로 엉키기도 하고, 주제에서 벗어나기도 하고, 발언하는 이사의 말이 명확하지 않아 도통 무슨 말을 하고 싶은 건지 알아들을 수 없는 일도 있다. 회의록 정리에 미숙한 담당자는 정리 과정에서 중요 내용들을 누락시키는 때도 있다. 기록 담당자는 사전동의를 구하고 녹취하여 원자료 Raw Data 를 보관해두면 두면 좋다.

회의내용을 정리할 때 몇 가지 팁을 활용하면 논리적이고 가독성 좋은 회의록을 작성할 수 있다.

- **내용분류** : 회의록은 시간순으로 적을 필요가 없다. 비슷한 것끼리 묶는다. 회의가 중구난방으로 진행됐어도 그 내용을 정리해서 적어야 한다.
- **넘버링** : 분류한 주제별로 세부 내용은 단체 내 통일된 넘버링 기준을 정해 모든 회의록에서 일관성 있게 사용하도록 한다.
- **두괄식** : 회의내용을 들리는 대로 받아 적지 말고 결론부터 던져라. 문장의 핵심 단어를 요약해서 먼저 밝혀주면 이해가 쉽다.
- **괄호, 구분기호 활용** : 회의록의 가독성을 높이려면 글자만 적지 말고 괄호와 구분기호 등을 적절히 활용하여 간단하게 정리할 수 있다.

회의록 공개

비영리단체에 대한 투명성 요구는 재정 투명성을 넘어 의사결정과정의 투명성으로 확대되고 있다. 대부분의 단체가 이사회 회의를 할 때는 회의록을 작성한다. 하지만 회의록을 공유하는 수준은 단체마다 매우 다르게 나타난다. 당신이 속한 단체의 회의록 공유수준은 어디쯤 해당하는가.

- 회의록을 기록만 한다.
- 회의록을 참석자들에게 공유한다.
- 회의록을 참석자들에게 공유하고 피드백을 받는다.
- 회의록을 참석자들에게 공유하고 피드백을 반영하여 확정한다.
- 회의록을 단체 홈페이지에 공개한다.

회의록을 외부에 공개하는 것은 단체와 이사회 입장에서 부담스러운 일이다. 하지만 이사들은 자신의 발언을 더 신중히 할 것이고, 이사회는 민주적이고 투명하며 책무성 있는 회의를 진행하려고 노력할 것이다. 또한, 기부자, 파트너, 회원 등 단체 이해관계자들은 회의록을 통해 이사회에서 일어나는 의사결정과정을 들여다볼 수 있고 거버넌스의 건전성을 가늠해볼 수 있다. 설혹 아무도 안 본다고 하더라도 공개 자체만으로도 큰 의미가 있다.

의사록(회의록) 공증

1) 의사록 공증이란?
공증인이 법인 총회(또는 이사회)의 결의 절차 및 내용을 확인하여 공적으로 증명하는 것
- 법률이나 정관에 의하여 기명날인 또는 서명하게 되어 있는 사람이 모두 기명날인 또는 서명을 마쳐야만 의사록으로서 성립
- 의사 과정을 그대로 기록한 속기록과는 다름

2) 의사록 공증은 왜 하나?
법인등기에 의해 공시되는 정보의 진실성 및 정확성 보장, 그 결과 허위 또

는 위조된 의사록에 의한 부실등기 방지, 거래의 안전 도모 및 법적 분쟁 예방을 위함

3) 의사록 공증 꼭 해야 하나?
- 「공증인법」 제66조의2 제1항은 "법인등기를 할 때 그 신청서류에 첨부되는 법인 총회 등의 의사록은 공증인의 인증을 받아야 한다."라고 규정
- 의사록의 내용이 법인등기사항을 포함하고 있지 않은 경우에는 굳이 인증받을 필요가 없음. 다만, 의결의 중요성을 감안하거나 후일의 증거로 삼기 위해 필요시 인증을 받아둘 수 있음(결의에 관한 강력한 증거방법)

4) 온라인 총회 의사록 인증 가능한가?
- 비영리법인 등의 온라인 총회와 이사회 개최 허용(2020년 12월) 후속 조치의 하나로 온라인 총회에 대한 의사록 인증 기준 마련 (국무조정실 국무총리비서실 보도자료, 2021.03.15.)

〈온라인 총회 의사록 인증 기준 주요 내용(법무부 유권해석)〉

관계 법령에 따라 온라인(화상) 총회가 허용되는 경우, 온라인으로 진행된 총회에 대해서도 아래 기준에 따라 참석 인증 방식으로 의사록 인증 허용

[기준1] 공증인은 온라인 총회 의사록 참석 인증 시 관계 법령 엄격 준수
- 의장과 법인 관계자들이 화상회의를 진행하는 실제 장소(예 : 의장실)에 직접 참석하여 온라인·오프라인 전반에 걸쳐 총회 진행 및 결의 성립을 검사

[기준2] 공증인은 총회를 개최하는 법인 측에서 참석자의 동일성 등을 적절한 방법으로 확인하는지 검사

5) 의사록 인증 제외 대상은 어떻게 지정되나?
- 주무관청의 허가를 받아 설립된 비영리법인 또는 공익법인 중 **설립목적 등**이 공익적이고 총회 등 **결의 절차 등**의 진실성에 분쟁의 소지가 없는 법인으로 **주무관청의 추천**에 따라 법무부가 지정·고시한 법인(「공증인법」 제66조의2, 「공증인법 시행령」 제37조의3)은 공증인의 인증을 받기 위해 회원(조합원)의 인감도장과 인감증명서 등을 징구할 필요가 없음

* 양승원(2020), 공증실무와 비영리법인 의사록 인증제도 고찰 발표문, 비영리법인 의사록 인증 제도개선 토론회(2020.12.15.), (사)시민&서울시NPO지원센터&(재)동천

이사회 교육

이사는 하늘이 내리지 않는다

법인 임원들을 대상으로 "거버넌스 리더십"에 대한 강의를 해달라는 요청을 받았다. 매우 뜻밖이었다. 요청한 기관이 기업이 아니라 비영리단체였기 때문이다. 매년 법인의 임원은 반드시 필수과정을 이수해야 한다고한다. 그동안 여러 단체의 이사회를 경험했지만, 개인적으로 이사회 교육을 받아본 적이 단 한 번도 없다. 이사회 교육의 필요성에 대한 이사회 자체의 제안이나 사무국의 요청도 들어본 적이 없다. 실제 국내 비영리법인 이사회 운영현황(2016년도 국세청 공시 등록 재단법인. 총 159단체) 자료에 따르면, 이사회 별도 교육이 있다는 단체는 20%(31곳)에 불과하고 나머지 80%(128곳) 단체는 교육이 없다고 응답했다.

효과적인 이사회는 저절로 만들어지는 것이 아니고, 자질 있는 이사도하늘에서 내려지는 것이 아니다. 선임된 이사가 임무를 잘 수행할 수 있도록 단체에서도 이사를 위한 교육체계를 마련해야 한다. 단체들은 이사들이 자신의 역할과 책임, 의사결정구조, 단체 미션과 비전, 단체운영 전반에 대해 잘 알고 있을 것으로 생각하는 경향이 있다. 신임이사들은 다른 단체나 기관에서 다양한 활동과 경험을 해봤을 테니까, 기존 이사들은 그동안 회의를 통해 충분히 듣고 접했을 테니까 굳이 교육할 필요가 없다고 생각한다. 하지만 전혀 그렇지 않다.

이사라면 알고 있어야 할 기본적인 내용에 대해 교육하지 않으면 굉장한 비효율을 초래한다. 이사회는 자신의 역할과 책임을 제대로 이해하지못해 역할 경계를 넘어선다. 중요한 목적 수립이 아니라 실무적인 세부 사항에 집착하며 견제와 균형에서 멀어진다. 또한, 이사회 회의가 본질에서 벗어난다. 이사회 회의 중 단체에 대한 기본정보부터 사업내용, 활동 방식 등 다양한 질문들이 중간중간 쏟아져 나오고 토의가 아니라 질의응답에 회의 시간을 다 써버린다. 기존 이사들도 단체에 대한 정보와 단체가 속한 생태계의 변화하는 동향에 대한 업데이트가 안 되어 있으면 합리적인 의사결정을 내리기 어렵다. 이사회는 팩트에 대해서는 공통된 이해를 가져야 하고, 관점은 다양하게 가져야 한다.

단체가 지향하는 이사회 인재상

모든 교육에는 단체가 지향하는 핵심 가치가 스며있어야 한다. 단체가 꿈꾸는 이사회의 모습이 어떠한지, 단체는 어떤 이사들과 함께 일하고 싶은지, 이사회 내 이사들은 어떤 역량과 자질을 갖추길 원하는지가 드러나야 한다. 즉, 단체 분위기가 압축된 인재상이 필요하다. 비영리단체 중 단체 활동가 인재상을 명확하게 정립한 곳도 흔치 않다. 규모가 큰 단체는 인사제도 및 교육체계가 잘 갖춰져 있지만 대부분의 풀뿌리 단체들은 인재상을 따르기보다 '단체 상황과 필요에 맞는' 그리고 '그러한 조건을 수용할 수 있는' 활동가를 채용하는 형편이다.

이사회 인재상은 아니지만 단체 활동가 인재상을 명문화한 곳도 있다. 국제구호기구 월드비전은 '오렌지다움'을 표방하며, 오렌지다움을 실천할 수 있는 인재를 선발하고 있다. 오렌지다움은 어린이의 풍성한 삶을 위해 사명, 비전, 핵심 가치를 실천해나가는 월드비전만의 일하는 방식을 말한다. 안녕과 회복력, 관계 형성, 배움과 성장, 협력과 협업, 결과 도출, 책임의식, 변화수용, 개선과 혁신 등이다. 굿네이버스는 굿네이버스의 철학과 이념을 품은 인재, 뜨거운 열정과 끊임없이 도전하는 인재, 전문가로서의 헌신과 책임 그리고 영성을 가진 인재를 표방하고 있다.

기업들은 저마다 명문화된 인재상을 가지고 있다. 인재상이 그려져야 인재 육성을 위한 교육체계와 경력설계 로드맵도 완성된다. 잡코리아가 2021년 시가총액 상위 50개 기업 인재상 키워드를 분석한 결과, 기업들은 도전, 혁신, 존중, 협력/소통, 창의, 전문성 순으로 인재상 키워드를 자주 언급하였다. 예를 들어, SK는 스스로 행복을 바탕으로 자발적이고 의욕적으로 도전하는 패기 있는 인재, 넷마블은 열정적으로 도전하고 세상의 변화를 선도하며 최고를 추구하는 사람, LG전자는 고객을 최우선으로 생각하고 끊임없이 혁신하는 사람이다. 특히, LG전자는 신입에서 사업가에 이르기까지 구성원이 조직과 함께 성장할 수 있도록 인재상에 따른 탄탄한 교육체계를 가지고 있다. 이 중 눈에 띄는 점은 신입사원과 경력사원 모두 공통교육으로 들어야 하는 'LG Way 내재화' 교육이다. LG Way란 경영이념인 '고객을 위한 가치창조'와 '인간 존중의 경영'을 LG의 행동 방식인 '정도경영'으로 실천함으로써 LG의 비전인 '일등 LG'를 달성하자는 것이다. 경영이념, 인재상, 교육체계가 잘 정렬된 사례라고 볼 수 있다.

이사회 인재상은 화려한 미사여구로 나열된 인재상일 필요가 없다. 단체 특유의 문화나 분위기에 잘 맞는 사람이면 충분할 수도 있다. 하지만 이사장, 회장, 대표 등 일부 핵심 임원들의 '촉'에 기반한 암묵적 인재상을 이제는 함께 공유할 수 있는 명문화된 인재상으로 정립할 필요가 있다. 인재상이 정립되어야 효과적인 이사회 교육설계가 가능하다.

공식적 교육과 비공식적 교육

이사회 교육은 공식적 교육과 비공식적 교육으로 이루어진다. 공식적 교육은 단체가 이사회를 대상으로 의도를 가지고 계획한 구조화된 교육이다. 신임이사 오리엔테이션, 이사 필수교육, 외부 교육, 워크숍 등으로 단체가 직접 주관하거나 지원하는 형태이다. 국내 비영리단체 중 이사회에 대한 체계적인 교육을 하는 곳은 많지 않다. 100주년의 역사와 전통을 가진 한국YWCA연합회의 경우 전국 단위 자원활동가와 실무활동가를 위한 Y아카데미를 운영하고 있다. 이곳에서는 이사회 교육과정으로 임원 필수교육, 신임회장 교육 등을 온라인, 오프라인으로 병행하여 운영하고 있다.

비공식적 교육은 계획하지도 의도하지 않았으나 상호배움이 자연스럽게 일어나는 것을 의미한다. 이사들이 스스로 소그룹을 구성해서 독서 모임, 토론모임 등을 하거나 외부 교육에 단체의 지원을 받지 않고 개인적으로 참여하는 형태로 이루어진다. 신임이사가 공식적인 오리엔테이션 후 사무국과 티타임 및 오찬을 하거나, 이사들 간 친목 모임을 가지는 것은 상호 간 유대를 형성하고 단체에 대한 정보를 자연스럽게 공유한다는 점에서 넓은 의미의 교육에 포함할 수 있다.

❖ 공식적 교육 vs 비공식적 교육

구분	공식적 교육	비공식적 교육
신임이사	• 신임이사 오리엔테이션	• 신임이사와 사무국과의 티타임 & 오찬
기존 이사 (연임, 중임)	• 이사 필수교육(정기적) : 단체 직접 진행/외부 전문가 초청 • 외부 교육(단체 지원) • 집중토의를 위한 워크숍(수시)	• 소그룹 활동(독서 모임, 토론 모임, 친목 모임 등) • 외부 교육(개인적 참여)

교육체계

이사회 교육의 목적은 임기 동안 이사들이 자신의 직무를 잘 수행할 수 있도록 돕는 것에 있다. 이사회 역할과 책임에 대한 인지, 이사회가 속한 단체에 대한 이해, 단체가 속한 생태계에 대한 이해를 통해 합리적 의사결정을 할 수 있도록 교육 기회를 제공해야 한다. 신임이사들은 단체에 대한 이해를 강화하는 것에, 기존 이사들은 직무역량을 강화하는 것에 방점을 둬야 한다. 특히, 비영리단체에 관한 법·제도 이해와 변화 동향에 대해 이사들이 잘 알고 있어야 올바른 의사결정이 가능하다.

이사회 교육도 이사회가 스스로 계획을 세우는 것이 맞지만 여건이 되지 않는 경우 사무국에서 계획을 수립하고 이사들의 욕구와 의견을 반영하여 교육체계를 정립할 수 있다. 되도록 이사회가 스스로 우선순위를 정하도록 하고, 이사회가 요청하는 주제와 방식을 최대한 반영하는 것이 교육 참여와 몰입에 효과적이다. 교육이 별도로 운영되려면 이사들의 관심과 헌신이 필요한데 바쁜 이사들이 별도의 시간을 빼는 게 녹록지 않다. 이사회 회의 중 일부를 교육으로 할애하거나 이사회 회의 시간 전후를 활용하는 것도 방법이 될 수 있다.

🔸 이사회 교육체계

구분	1단계	2단계	3단계
신임이사	• 단체소개(목적, 미션과 비전, 핵심 가치, 주요 사업) • 운영 전반(재정 상태, 사무국 운영, 조직구조, 인적자원 관리 등) • 거버넌스/이사회 역할과 책임	• 단체 정체성 내재화 • 단체 주요 의제 심화 • 비영리단체의 윤리	• 리더십 역량 교육 (소통, 협업, 변화와 혁신) • 이사회 직무교육 (회의 기술)
기존이사 (연임, 중임)	• 단체운영상황 • 단체 주요 변화 및 현안 • 거버넌스/이사회 역할과 책임 (리마인드)	• 단체 정체성 내재화 • 비영리 생태계 현안 및 동향 • 비영리 정책/법제도	• 리더십 강화 교육 • 리더 육성 프로그램(승계계획) • 자유주제 : 이사회가 요청하는 주제

사무국의 이사회 관리

단체 실무자들이 이사회를 접할 일은 거의 없다. 거버넌스 구조상 이사회는 실무책임자인 최고경영자를 통해 지시와 위임을 하게 되어 있기 때문이다. 이사회 회의 현장에 참석하는 실무진은 이사회 전담자, 관련 안건을 설명해야 하는 실무자, 회의를 준비하고 진행을 돕는 조력자, 그리고 이사회 회의내용을 알고 있어야 하는 중간관리자급 참관자 정도다.

이사회가 있는 모든 단체는 이사회 관리를 담당하는 실무자를 두게 된다. 대형단체는 지원부서를 두고 이사회 관리를 하기도 하고, 중소규모 단체는 1인의 실무자가 이사회 관련 업무 및 소통을 담당하게 된다. 어떤 단체도 이사회만 전담하는 직원을 둘 수 있는 여력은 없어 대부분 자신의 업무 외에 추가 업무로 이사회 관리를 하게 된다. 그만큼 이사회 지원이 체계적으로 이루어지기 어려운 구조다. 이사회 관리는 담당 실무자의 역량에 크게 좌우될 수밖에 없다.

단체 활동가에게 이사회 관리를 담당하는 일이 맡겨진다면 쌍수 들어 환영할 사람은 거의 없다. 활동가들은 목적사업과 관련한 활동 전문가들이기 때문에 단체운영을 지원하는 업무에는 관심이 적다. 더욱이 이사들을 상대해야 하는 일이라면 골치 아프고 피하고 싶은 일이 될 것이다. 그렇다고 이사회 관리가 여기저기 등 떠밀려 신입 실무자에게로 간다면 단체에도 그다지 바람직하지 않다.

이사회 담당자는 이사회와 사무국을 연결하는 채널이며, 이사회가 사무국을 바라보는 창窓이다. 이사회 관리야말로 단체에서 가장 경험이 많고 노련한 고수가 맡아야 한다. 이사회 담당자에게는 전체를 꿰뚫어 보는 능력 '통찰력洞察力'이 필요하다. 통찰력이 쉽게 체득되는 것은 아니지만 다음 세 가지를 통해 힌트를 얻을 수 있다.

- **잘 보고**視 : 많이 자주 봐야 한다. 소통의 기본은 경청인 것처럼, 통찰력의 기본은 보는 것이다. 이사들을 회의 때 1~2시간 봐서는 이사들에 대해 제대로 알 수 없다. 행사 초대, 사업에 대한 자문, 위원회 활동 등 이사들과의 접점을 늘려 볼 수 있는 기회를 늘려야 한다.
- **잘 살피고**觀 : 주의 깊게 제대로 봐야 한다. 영화 <아바타>에서 나비족의 인사 "I See You(나는 너를 봅니다)"는 그저 바라본다는 뜻이 아니라, 당신의 본질을 본다, 또는 진심을 안다는 의미다. 서로 마음이 통하는 상태, 온전히 연결된 순간을 드러내는 표현이다. 상대방의 마음을 느끼고 본심을 이해할 때 마음을 열고 소통이 시작된다. 이사들도 사람이기 때문에 진심이 통할 때 마음을 열고 단체 활동에 기꺼이 헌신하게 된다.
- **잘 관찰하라**察 : 잘 관찰하면 숨겨진 의미를 찾게 된다. 통찰은 오로지 관찰을 통해 이루어진다. 사소한 일들을 완전히 새로운 시선으로 바라봄으로써 일과 관계를 통찰하게 된다. 애플 매킨토시를 디자인한 FROG DESIGN의 글로벌 인사이트 최고 크리에이티브 디렉터인 얀 칩체이스Jan Chipchase는 그의 저서 『관찰의 힘』에서 자기 주요 업무는 다양한 일상의 모습을 집요하게 관찰하고 기록하고 질문을 던지는 것이라고 했다. 이사회에서 일어나는 풍경, 이사들의 대외활동, SNS 등을 탐색하면서 이사들에 관해 탐구하면 어느 순간 관찰이 통찰로 전환될 것이다.

이사들이 선임되어 임기가 종료될 때까지 이사회 운영주기에 따라 담당 실무자가 해야 할 일은 다음과 같다.

- **이사발굴 및 선임** : 개별이사 연락, 단체와 이사회 안내자료 준비, 신임 이사 오리엔테이션 준비 등
- **이사회 회의 운영** : 사전 준비(일정 조율, 장소 정하기, 회의일시 및 장소 공지, 참석 여부 확인, 회의 자료 준비 및 발송), **회의 진행**(회의 자료 인쇄, 회의실 세팅, 다과 및 식사 준비, 컴퓨터기기 준비, 당일 출석 체크), **사후관리**(이사회 회의록 정리 및 공개)
- **이사회 교육** : 이사회 교육 욕구 조사, 교육 준비 및 진행, 교육평가 설문 등
- **이사들과의 소통** : 회의 개최 시 연락, 평상시 단체 소식 공유, 이사 대외활동 소식 홍보, 단톡방 운영 등
- **법적 실무** : 이사와 감사 변경(취임, 중임, 퇴임) 시 등기, 필요시 의사록 공증(이사회, 정기총회) 등
- **이사 임기종료** : 임기종료 고지, 감사(예우) 표시, 이후 단체 내 연계 활동 마련 등

책임지는 이사회 평가

책임지는 이사회 평가

거버넌스를 증명하라

이사회 평가는 거버넌스 이슈에서 중요한 관심사가 되고 있다. 이사회 평가는 이사회 활동 및 운영에 관한 객관적·지속적·정기적인 평가로서, 이사회 구성원 개인뿐 아니라 최고 의사결정기구인 이사회 자체에 초점을 둔 평가이다.[1] 비영리단체들에게는 평가라는 단어가 갖는 부정적 함축으로 인해 거부감부터 들 수 있다. 더욱이 무보수로 봉사하는 비영리단체 이사들에게 평가의 잣대를 들이대는 것은 쉽지 않다. 하지만 내부의 반성과 성찰 없이는 개선이 이루어질 수 없다. 평가를 통해 이사회 구성원의 공통 의식이 생기고, 이사회가 추구해야 하는 과제가 명확해지며 그 해결을 도모할 수 있다.

❖ 이사회 평가 실효성

장점	단점
• 이사회가 처한 상황에 대한 올바른 인식 • 해결과제에 대한 개선안 도출 • 이사회 구성원의 공통의식 생성 • 이해관계자들에게 이사회 실태에 대한 정보 제공 • 이해관계자들로부터 신뢰 구축 • 거버넌스의 투명성과 건전성 제고	• 이사회 운영실태 파악 불가 • 자기 점검과 성찰의 기회 제한 • 이사회 전체 및 개별이사들의 목적의식 저하 • 이해관계자들로부터 신뢰 저하 • 거버넌스의 변화와 혁신 불가

기업들의 경우 국내에서는 이사회 평가가 아직은 생소하게 느껴지지만, 뉴욕증권거래소 NYSE 상장기업은 원칙적으로 이사회 평가를 시행해야 하며, 나스닥 상장기업은 임의지만 자발적으로 이사회 평가를 시행하고 있다. 일본의 경우 도쿄증권거래소가 CG 코드 Corporate Governance Code(기업지배구조 모범규준) 준수상황을 주기적으로 체크하고 있다. 현재 OECD 회원국과 BRICs에 포함된 국가 대다수가 이사회 효과성을 높이는 방안으로서 정기적인 이사회 평가를 권장하고 있으며 지배구조 모범규준 내 관련 규정을 마련하고 있다.

국내 기업들도 이사회 평가가 법적 의무사항은 아니지만 한국기업지배구조원의 기업지배구조 모범규준에서 이사회 평가를 권장하고 있다. 2021년 기업지배구조보고서를 분석한 결과에 따르면, 시가총액 상위 100개 기업 중 이사회 관련 평가를 한 기업은 57개 사(57%), 그중 이사회 전체 평가를 한 비율은 33%, 외부 자문 또는 외부 평가를 수행한 비율은 9%이며, 구체적인 프로세스까지 공개한 기업은 1%에 불과하다.[2] SK(주), SK이노베이션, SK하이닉스는 유일하게 평가 결과까지도 공개하고 있다.

이사회 평가는 비영리단체 거버넌스 이슈에서 가장 곤란한 주제이다.

이사회 구성도 버거운데 이사회 평가라니. 하지만 이사회 평가는 건강한 거버넌스를 구축하는 데 필수적이다. 권한과 임무가 주어진 조직의 모든 구성원은 평가받는다. 이사회라고 예외가 될 수는 없다. 이사회가 역할과 책임을 다하고 있는지 운영현황과 평가 결과를 이해관계자들에게 공개하는 것은 이사회 효과성뿐 아니라 단체의 투명성과 신뢰성을 높일 수 있는 가장 강력한 방법이다. 거버넌스를 증명하려는 노력도 하나의 책무이다.

비영리단체는 이사회 평가를 대부분 하지 않고 있다. 비영리거버넌스 인사이드(2021)에서 조사한 '비영리 이사회 평가의 현황과 방향' 결과를 보면, 이사회 운영 및 활동에 대해 '평가한다' 26.3%, '안 한다' 73.7%로 나타났다. 얼마나 자주 진행되는가에 관한 질문에 '안 한다 혹은 비공식적으로 한다'라는 응답이 60.4%를 차지했다. 이사회 평가를 단체의 의무사항으로 규정하고 있는가에 관한 질문에 '규정하지 않는다'라는 응답이 63.2%로 나타났다. 다만 긍정적인 신호는 '고려하고 있다'라는 응답이 36.8%에 이르러 내부적으로 평가에 대한 필요성을 인식하고 있고, 향후 이사회 운영 및 활동에 대한 평가가 증가할 것으로 보인다.

비영리단체에서 이사회 평가를 하려고 한다면 평가목적, 평가대상, 평가 주체, 평가내용, 평가 절차, 평가방식, 평가 주기 등 평가 요소를 세밀하게 설계해야 한다.

평가목적 : 평가를 왜 하는가?

이사회 평가의 목적을 명확하게 규정하지 않으면 자의적이고 편의적인 평가가 이루어질 수 있고, 평가의 신뢰성을 떨어뜨릴 수 있다. 목적이 세워져야 목적에 부합한 적절한 평가가 이루어질 수 있다. 이사회 평가는 이사들의 적극적 참여와 동의 없이는 실효성을 거두기 어려우므로 이사회에서 충분히 토의하고 공감대를 형성하는 것이 중요하다. 비영리단체 최대 이점은 모든 것은 정하기 나름이라는 것이다. 이사회 개선에 도움이 되는 방향으로 가장 합리적인 평가목적을 정하면 된다.

평가대상 : 누가 평가받는가?

- **이사회 전체** : 모든 이사가 참여하여 이사회 전반적인 운영 및 성과를 평가한다.
- **개별이사** : 각 이사가 스스로 이사회 참여 및 단체에 이바지한 가치를 증명한다.
- **이사회 내 위원회** : 위원장은 이사회가 위임한 임무를 위원회가 잘 수행하였는지 평가한다.

평가주체 : 누가 평가하는가?

- **내부평가** : 가장 좋은 방법은 이사회 스스로가 자기 점검을 하는 것이다.
- **외부평가** : 내부평가가 신뢰성이 떨어질 수 있으므로 객관적이고 독립적으로 평가를 수행할 수 있는 외부 기관 혹은 개별전문가에게 의뢰할 수 있다.

평가내용 : 무엇을 평가하는가?

- **이사회 역할과 책임** : 주의의무 및 충실의무, 정책수립, 전략기획, 재정관리와 감독, 기금모금, 최고경영자 선발 및 평가, 권한위임(이사회와 경영진 관계)
- **이사회 구성** : 독립성 및 다양성 확보, 규모, 절차 이행

- **이사회 운영** : 규정 준수, 회의 구성 및 운영, 회의 횟수 및 시간
- **이사회 문화** : 토론방식의 적절성, 후속 조치의 적절성, 의장의 역할
- **위원회 활동** : 위원회 구성, 운영, 회의 활동, 활동성과
- **이사별 자가 활동** : 이사회 회의 출석률, 사전 준비, 전문성, 의사소통, 참여 수준
- **전반적인 효과성 및 활동 만족도**

평가절차 : 평가가 이루어지는 프로세스는 어떠한가?

- **평가준비** : 평가목적에 맞는 기준 및 절차를 수립한다.
- **평가수행** : 이사회를 대상으로 평가를 시행한다.
- **평가결과 보고** : 평가결과를 이사회 전체 그리고 개별이사에 알린다.
- **평가결과 공시** : 평가결과 공개범위(내부 혹은 외부, 알려야 할 정보와 알리지 않아야 할 정보 구분)를 이사회에서 정하여 공시한다.

평가방식 : 어떻게 평가하는가?

- **설문조사** : 구조화된 질문지를 활용하여 익명으로 조사한다.
- **개별인터뷰** : 심층적인 정보를 파악하기 위해 개방형 질문으로 1:1 인터뷰를 활용한다. 면접자는 인사위원회에서 위촉한 자 혹은 제3자가 될 수 있다. 의장, 최고경영자 평가는 개별인터뷰가 좋다.
- **진행자가 있는 토론** : 이사회 개선에 목적을 둔 평가의 경우 논의를 촉진하기 위해 진행자가 있는 토론을 활용한다.

평가주기 : 얼마나 자주 평가하는가?

- **정기평가** : 연 1회 혹은 격년에 1회 등 정기적으로 평가를 시행한다.

- **수시평가** : 예기치 못한 위기, 이사회 혹은 개별이사의 윤리적 스캔들 발생 등으로 평가가 필요하다고 판단되는 시기에 이사회 합의를 통해 실시한다.

자기 점검과 평가

이사회가 스스로 자기 점검과 평가를 하는 경우 단체의 평가목적에 맞게 다양한 툴을 활용할 수 있다. 비영리조직 진단을 위한 지표들에서 대부분 거버넌스 및 이사회 부분을 다루고 있고, 비영리 거버넌스 및 이사회 평가를 위한 지표들도 많이 개발되어 있다.

꼭 챙겨야 할 이사회 관련 법적 규정

비영리단체 이사회 관련 규정은 일반 기업들에 비해 가볍고 자유롭지만 최소한의 법적 요건도 종종 놓치는 경우가 있다. 이사회 평가에 있어서 단체가 최소한의 법적 규정을 준수하고 있는지부터 확인해야 한다. 비영리법인인 사단법인과 재단법인은 「민법」상 이사회를 반드시 설치해야 한다는 규정이 없으며, 이사회 구성 및 운영에서도 정관에 따라 정하면 된다. 공익법인과 사회복지법인은 이사회가 필수 설치기관이며, 설립 근거법 및 세법에 따라 반드시 지켜야 할 의무사항이 많아 꼼꼼히 챙겨야 한다. 비법인인 비영리민간단체와 임의단체는 이사회 관련 의무규정은 없으며, 비영리민간단체 지원법이나 주무관청에서 요구하는 관련 지침들을 준수하면 된다.

❖ 이사회 관련 주요 법적 규정

비영리법인 공통	• 단체 설립 시 **최고 의결기구(총회/이사회)**에서 정관을 제정한 후, 주무관청의 허가를 받아 법인에 등기한다. • 정관에는 법인의 유지, 운영을 위해 준수해야 하는 기본사항을 모두 포함하고 있다. • 1) 법인 명칭, 2) 목적, 3) 소재지, 4) 목적사업, 5) 자산, 6) **이사**의 **임면**, 7) 회원의 자격, 8) 존립 시기나 해산 사유를 정하는 시기 및 사유에 관한 규정 ***사단법인의 경우 1)~8), 재단법인 · 사회복지법인의 경우 1)~6) • 사무소의 주소 또는 **이사**의 성명이나 주소 등이 변경되면 이에 따라 변경등기를 하고 있다. • 비영리법인은 「민법」상 이사의 주의의무(제61조), 법인과 이사의 이익 상반 시 특별대리인을 선임하여 대표하게 할 의무(제64조), 임무 해태 시 법인과 연대하여 손해배상 책임(제65조) 등의 **의무와 책임**을 진다.
민법법인 (사단 · 재단 법인)	• 「민법」상 이사를 선임하도록 하나 이사회 설치가 필수사항은 아니다(이사회는 임의 기관, 사단법인의 경우 총회가 필수기관이자 최고 의사결정기구). • 이사회 구성 및 운영, 자격과 임기에 대한 법적 규정이 없으므로 정관을 따른다. • 이사가 수인일 경우 정관에 규정이 없으면 법인의 사무 집행은 이사 과반수 찬성으로 결정한다(「민법」 제58조 2항).
공익법인	• 5명 이상 15명 이하의 이사와 2명의 감사를 두고 있다(이사회는 필수 설치기관). • 임기는 정관으로 정하되, 이사는 4년, 감사는 2년을 초과할 수 없다(연임 가능). • 이사들은 결격사유(「공익법인법」 제5조 6항) 규정에 해당하지 않아야 한다. *** 결격사유 : 미성년자, 피성년후견인 또는 피한정후견인, 파산선고를 받은 자로서 복권되지 아니한 자, 금고 이상의 형을 선고받고 집행이 종료되거나 집행받지 않기로 확정된 후 3년이 지나지 아니한 자 등 • 법인과 특별한 관계가 있는 자의 수가 이사 현원의 1/5을 초과하지 않고 있다.

공익법인	*** 특수관계자 범위(시행령 제12조 1항) : 1) 출연자, 2) 출연자 또는 이사와 6촌 이내의 혈족, 4촌 이내의 인척, 배우자(사실혼 관계 포함), 3) 출연자 또는 이사의 사용인 기타 고용관계에 있는 자, 5) 당해 출연자가 재산을 출연한 다른 공익사업을 영위하는 법인의 이사 • 법인과 특별한 관계가 있는 이사 중 급여를 받는 이사가 현원의 1/5을 초과하지 않는다(「상속세 및 증여세법」 예외 사항 제외). • 주무관청의 승인을 받으면 상근 임직원에게 보수를 지급할 수 있다(「공익법인법」 제5조 제8항). • 이사장이나 이사가 이해관계 상반 시 해당 의결에 참여할 수 없다(「공익법인법」 제7조 제2항).

사회복지
법인
	• 이사 7인, 감사 2인 이상(외국인 이사는 이사 현원의 1/2 미만)이며, 이사 정수의 1/3 이상을 시·도 사회보장위원회 또는 지역사회보장협의체에서 3배수 추천한 사람 중에서 선임하고 있다(이사회는 필수 설치기관).
	• 이사의 임기는 3년, 감사는 2년으로 하고 연임할 수 있다.
	• 이사들은 결격사유(「사회복지사업법」 제19조) 규정에 해당하지 않아야 한다.
	• 법인과 특별한 관계가 있는 자의 수가 이사 현원의 1/5분을 초과하지 않는다.
	• 감사는 필수기관에 속하며, 2인 이상 임기는 2년으로 연임할 수 있다. 감사는 특별한 관계가 있는 자가 아니며, 감사 중 1명은 법률 또는 회계에 관한 지식이 있는 사람이다.
	• 이사회 회의록을 작성하여 공개한다(「사회복지사업법」 제25조).
	  - 공개기간 : 회의일부터 10일 이내 게시, 3개월간 공개
	  - 공개장소 : 사회복지법인 홈페이지와 관할 시도지사가 정하는 홈페이지에 각각 공개
	  - 공개기간 이후 : 보조금을 받는 사회복지법인은 공공기관에 해당하므로, 누구든 정보(회의록)를 공개 청구할 수 있음. 비공개 사항이 아니면 10일 이내 공개
	  *** 회의록의 공개에 관한 기간·절차, 그 밖에 필요한 사항은 대통령령이 정한 바에 따른다.

투명성 및 책무성 자가 진단 지표

이사회를 포함하여 조직 전반의 투명성, 책무성에 대해 포괄적으로 평가해보고 싶다면 자율적으로 자기 점검할 수 있는 유용한 지표들이 있다. 국제개발협력민간협의회 KCOC 의 「국제개발협력NGO 책무성 자가진단서 (2019)」는 조직, 사업, 재무회계, 정보공개, NGO임직원 행동 윤리로 구성되어 있다. '조직' 구성요소에서 이사회 관련한 문항을 일부 포함하고 있다. 국제개발협력NGO의 특수성에 기반해 만들어졌지만, 일반 단체들이 활용하는 데 큰 무리는 없다.

필자가 참여한 공익법인협회의 「공익법인 투명성 평가지표(2020)」는 이사회 운영, 세법상 주요 의무, 기타 세법상 의무, 인사/노무, 법무, 재산관리, 업무효율 등 7개 항목으로 구성되어 있다. 전문가들이 만든 평가지표로서 문항마다 목적과 관련 법령을 근거로 상세한 설명이 되어 있어 지표의 의미를 제대로 이해할 수 있다. 이사회 운영 종합평가표가 있어서 단체 이사회 운영 수준을 점수화하여 문제점과 개선안 도출에 활용도가 높다.

'공익네트워크 우리는'³의 「NPO책무성을 위한 자가진단지표」는 지배구조(의사결정구조), 재정 투명성, 조직구성원 책무성, 개인정보보호, 저작권, 관련 법 이해 여부 등을 다루고 있다. 「NPO책무성을 위한 자가진단지표」는 실무자들의 자발적 협력을 통해 만들어졌고 지속적 수정이 가능한 열린 지표라는 점에서 의미가 크다.

해외에서 개발된 비영리조직 자가 진단 툴들도 활용도가 높다. 대표적으로 GlassPockets의 27가지 재단 투명성 지표가 있다. GlassPockets은 전 Foundation Center(현 Candid)의 주요 서비스 중 하나로, 미국과 전 세계의 재단들을 대상으로 투명성·신뢰성과 관련된 지표로 스스로 자가 진단하게 하고 그 정보를 공개하는 온라인 플랫폼이다. 미국과 전 세계 재단들이 스

❖ NPO책무성을 위한 자가진단지표 지배구조(의사결정구조)

기준		자가진단지표 체크 리스트	비고	확인
최고의사결정기구	필수	정관상에 최고의사결정기구에 대해 명시되어 있는가		☐
총회	필수	정관상 규정에 따라 정기총회를 개최하고 있는가	회원구 조가 아 닌 경우 해당되 지 않음	☐
	필수	최고 의사결정기구로서 총회의 역할을 준수하는가		☐
	필수	정기총회 회의록을 기록하고, 보관하는가		☐
	권장	정기총회 회의록을 공개하는가		☐
이사회 또는 이에 준하는 기구	필수	인원수, 선임 프로세스에 대하여 규정으로 정하고 이 를 준수하는가		☐
	필수	이사회 구성원의 임기 및 연임과 관련된 규정이 있고, 이를 준수하는가		☐
	필수	정관상에서 규정한 이사회 결의사항을 심의, 결정하 는가		☐
	필수	정기적으로 이사회 회의가 개최되고 있는가		☐
	필수	이사회 회의록을 기록하고, 보관하는가		☐
	권장	이사회 회의록을 공개하는가		☐
	필수	매년마다 이사 등기 변경사항을 확인하는가		☐
	권장	이사회는 적절히 역할을 수행하고 있는가 - 미션 비전에 대한 모니터링 - 단체 성과와 효과 평가 - 재무상태 모니터링		☐
	권장	이사회에 대한 평가체계가 있는가 - 회의 참석, 조직 미션에 대한 이해, 활동 이해 등		☐
	권장	이사회 구성원의 다양성을 확보하기 위해 노력하는가		☐
	권장	이사회 구성원의 독립성을 확보하기 위해 노력하는가		☐
	권장	이사회에 대한 교육(오리엔테이션) 체계가 있는가		☐

* 공익네트워크 우리는, '우리 조직은 안녕한가요?' v3(2021개정판)

스로 투명성을 확보하고 공개하기 위해 GlassPockets이 제공하는 투명성 관련 지표로 스스로 진단하면 GlassPockets은 그 결과를 검토한 후, 홈페이지를 통해 각 재단의 투명성과 신뢰성 상태를 공개한다. 비영리조직 중에서도 '재단'에 초점을 둔 지표라 일반 비영리단체에 바로 적용하기 어려운 지표들도 있지만, 조직 전반의 투명성을 높이는 데 필요한 지점들을 살펴볼 수 있다.

미국 NGO PACT는 다른 NGO들과 함께 USAID의 재정지원을 받아 조직역량 평가 툴 Organizational Capacity Assessment Tool 을 개발했다. 이 평가 툴은 6개의 대분류(거버넌스, 인적자원, 재정관리, 프로그램, 외부와의 관계와 파트너십, 프로그램과 단체의 지속가능성)하에 176개의 질문으로 구성되어 있다. 이 중 거버넌스에는 기관의 법적 지위, 이사회, 재정위원회, 운영조직, 미션과 목표, 수혜자 그룹, 리더십 등을 포함하고 있다. PACT의 평가 틀은 내부와 외부의 평가 요소를 균형 있게 배치하여 대내외적 역량을 전반적으로 평가할 수 있으며, 176개 항목에 이르는 방대한 질문을 바탕으로 NGO가 갖추어야 할 역량을 세부적이고 명확한 기준을 바탕으로 측정해볼 수 있다.

그 밖에 네덜란드의 한 컨설팅 그룹에서 개발한 조직문화 평가 툴 Organizational Culture Assessment Instrument, OCAI 은 열망, 문화와 가치 및 윤리, 리더십, 경영과 조직구조, 전략 면에서 조직의 현재 모습과 개인의 지향점을 점검하고 비교해볼 수 있다. CIVICUS에서 2014년 발간한 「시민사회에 의한 시민사회의 책임성-자율 규제 계획 가이드북 Accountability for Civil Society by Civil Society : A Guide to Self-Regulation Initiatives」은 시민사회 스스로가 합법성, 투명성, 책임감이라는 가치를 지켜내고 신뢰를 확보하기 위한 노력을 함께 해나가자는 제안을 담고 있다. 거버넌스를 포함해 단체 전반의 조직진단을 하고 싶다면 휴렛재단 William & Flora Hewlett Foundation 이 2017년 공개한 90여 개 툴을 분석해 데이터베이스화한 조직 진단 Organization Assessment, OA 툴을 활용하면 좋다. 어떤 툴을 어떻게 선택해서 활용하면 좋을지 가이드북도 제공하고 있다.[4]

이사회 전체 평가와 개별 평가

이사회에 관한 법적 의무사항, 필수요건 등을 확인했다면 이제 단체 이사회가 실제로 얼마나 잘 운영되었는지에 대한 점검이 필요하다. 이사회 평가는 시간과 비용이 많이 드는 외부 평가보다는 이사회 활동에 대한 자기점검과 개선을 목적으로 자가진단표를 활용한 내부 평가가 좋다. 평가 요소로는 이사회 구조, 이사회 구성원, 이사회 회의, 이사회 정책, 수탁책임, 단체성과, 실무책임자 관리, 의사소통과 규정준수, 전반적인 효과성 평가 등이 포함될 수 있다. 평가는 개선이 필요한 영역을 식별하는 데 도움이 되며, 이사들이 더 많은 주의를 기울여야 할 이슈를 드러내기도 한다.

이사회 전체 평가와 개별 평가를 구분해서 실시하는 것이 이상적이지만 평가에 대한 부정적 인식이 강하다면 점진적 방식을 시도해 보기 바란다. 먼저, 1) 이사회 전체 평가를 무기명으로 실시한다. 개별화되지 않고 평균화된 점수나 종합적 의견으로 정리되기 때문에 이사들의 부담감이 덜하다. 2) 이후 평가가 정착되면 이사회 전체 평가에 개별이사 평가를 일부 반영하여 실시한다. 3) 평가가 안정화되어 이사들의 자발적 요구가 형성되면 이사회 전체 평가와 개별이사 평가를 구분하여 실시한다. 이사회 평가 항목에는 다음과 같은 내용이 기본적으로 포함될 수 있다.

❖ 이사회 평가항목[5]

이사회/위원회 (혹은 이에 준하는 기구) 평가	개별이사의 평가
• 이사회/위원회 규정에서 정하고 있는 역할과 책임의 수행 여부 • 이사회/위원회 규모 및 구성의 적절성	• 회의 출석률 • 준비 정도 • 적극적인 참여

이사회/위원회 (혹은 이에 준하는 기구) 평가	개별이사의 평가
• 이사회/위원회 안건 선정에 이사들이 적절히 참여했는지 여부 • 회의 시간 배분과 회의 빈도의 충분성 • 경영진으로부터 받은 정보의 적정성 및 적시성 • 이사들 간의 관계, 커뮤니케이션 및 토론의 적절성, 중요한 이슈에 대한 합의 정도 등 • 예정된 이사회 회의 외에도 충분한 업데이트 및 정보가 제공되는지 여부 • 전반적인 이사회/위원회의 효과성	• 커뮤니케이션 및 아이디어 표현 능력 • 다른 관점을 경청하고 인정하려는 태도 • 단체와 비영리 생태계에 대한 이해 • 다른 이사 및 경영진과 함께 일할 수 있는 능력 • 개별이사의 강점 • 개별이사의 개선사항 • 이사회/위원회에 대한 전반적인 기여 수준 • 이사 활동에 대한 만족도

이사회 평가 자가진단표[6]

구분	항목	1 전혀 그렇지 않다	2 그렇지 않다	3 보통 이다	4 그렇다	5 매우 그렇다	평균	의견
I. 이사회 구조	1. 우리 이사회는 적정 수준의 이사 수를 확보하고 있다.							
	2. 우리는 이사 영입에 필요한 절차를 잘 갖추고 있다.							
	3. 우리는 신임이사에 필요한 예비 교육체계를 잘 갖추고 있다.							
	4. 이사회와 경영진의 역할이 명확히 잘 구분되어 있다.							
	5. 이사회와 경영진은 상호 간 소통이 원활하다.							

구분	항목	1 전혀 그렇지 않다	2 그렇지 않다	3 보통 이다	4 그렇다	5 매우 그렇다	평균	의견
Ⅱ. 이사회 구성원	6. 우리 이사들은 단체의 사명과 비전에 대한 열정이 있다.							
	7. 우리 이사들은 단체의 사업에 대해 잘 알고 있다.							
	8. 우리 이사들은 이사회의 역할과 책임에 대해 잘 이해하고 있다.							
	9. 이사들은 이사직 수행에 필요한 전문성과 자질을 갖추고 있다.							
	10. 우리는 이사장과 이사들의 직무 설명서를 잘 갖추고 있다.							
	11. 우리는 모든 이사가 준수해야 할 행동강령을 문서로 잘 정리해 놓았다.							
	12. 우리는 이사들이 퇴임할 때 예우를 갖추는 관례가 잘 되어 있다.							
Ⅲ. 이사회 회의	13. 이사회 회의는 적절한 횟수로 열리고 있다.							
	14. 이사회 회의 시간이 적절하다.							
	15. 이사장이 회의를 조화롭게 잘 진행한다.							
	16. 이사들이 토론과 대화에 적극적으로 참여한다.							
	17. 이사들은 회의 안건 및 자료를 충분히 숙지하고 참여한다.							
	18. 이사회 운영 자체를 논의하는 워크숍이나 회의가 이루어진다.							

구분	항목	1 전혀 그렇지 않다	2 그렇지 않다	3 보통 이다	4 그렇다	5 매우 그렇다	평균	의견
Ⅳ. 이사회 정책	19. 이사회에 대한 정책(정책설명서, 규정)이 문서로 잘 정리되어 있다.							
	20. 이사회 정책설명서는 일 년에 한 번 이상 검토가 이루어진다.							
	21. 이사회는 정책설명서를 적극적으로 활용하고 있다.							
Ⅴ. 수탁 책임	22. 우리 이사들은 단체의 모금 활동에 적극적으로 기여한다.							
	23. 이사들은 예산 및 재무 보고서를 잘 이해하고 있다.							
	24. 이사회는 단체의 재무 상태와 예측상황을 모니터링하고 잘 대처한다.							
Ⅵ. 단체 성과	25. 이사회는 단체의 전략적 방향을 결정하고 승인하는 역할을 잘 수행한다.							
	26. 이사회는 단체의 전반적인 성과를 효과적으로 감독하고 있다.							
	27. 이사회는 매년 단체의 성과를 평가한다.							
	28. 이사회는 단체의 성과를 평가할 기준을 마련해 놓고 거기에 초점을 맞추고 있다.							
Ⅶ. 실무 책임자 관리	29. 이사회는 실무책임자를 통해 책임을 위임하고 있다.							
	30. 이사회는 실무책임자에게 결과에 대한 책임을 묻는다.							

구분	항목	1 전혀 그렇지 않다	2 그렇지 않다	3 보통 이다	4 그렇다	5 매우 그렇다	평균	의견
	31. 이사회는 실무책임자의 급여와 복리후생을 포함한 보수를 결정한다.							
Ⅷ. 의사 소통과 규정 준수	32. 이사회는 단체가 법적 요건을 모두 충족하는지 확인하고 있다.							
	33. 이사회는 단체의 이해관계자에게 충분한 정보를 제공하고 있다.							
	34. 이사회는 단체의 청렴성(윤리성)을 잘 지키고 있다.							
	35. 이사들은 지역사회에서 단체를 대표하는 역할을 잘 수행하고 있다.							
Ⅸ. 전반 적인 효과성	36. 이사들은 이해관계자를 위해 봉사하는 수탁자임을 이해하고 의무를 성실히 수행하고 있다.							
	37. 이사회는 단체의 자원을 잘 관리하고 있다.							
	38. 이사회는 단체의 성과 향상에 기여하고 있다.							
	39. 이사회는 단체가 지속가능하게 사명을 이루어 가도록 효과적으로 돕고 있다.							
	40. 이사회는 거버넌스 과정을 끊임없이 개선해 갈 시스템을 갖추고 있다.							
총평균점수(영역별 평균 점수(Ⅰ~Ⅸ)합계÷9)=( )점								

제3자 평가

비영리단체에 대한 외부감사, 제3자 평가가 선진국에서는 활성화되어 있다. 미국의 경우 다양한 성격의 공익법인을 관리·감독하는 미 국세청 IRS 내 담당 부서가 있고, 영국은 자선단체들의 등록·규제 업무를 수행하는 채러티 커미션을 운영한다. 호주는 이들을 관리하는 독립적인 국가감독기구인 자선비영리기관위원회 ACNC 를 설치했다. ACNC 홈페이지에서는 약 596,000여 곳의 비영리단체 정보를 검색 혹은 다운로드해 볼 수 있다.[7] 미국의 경우 200개가 넘는 비영리단체 평가기관이 있고, 기관마다 고유의 평가지표를 개발하여 단체의 투명성, 책무성, 효율성 등을 평가하고 있다. 대표적으로 가이드스타, 채러티 내비게이터, BBB, Give Well, Charity Watch 등이 있다.

가이드스타 GuideStar

가이드스타(Foundation Center와 합병하여 현 Candid)는 1994년 미국에서 버즈 슈미트 Buzz Schmidt 에 의해 설립되어 미국에서 비영리재단과 단체에 대한 가장 많은 정보를 보유한 곳이다. 미국에서 501(c)(3) 조직으로 등록된 2백만 개 이상의 비영리단체에 대한 정보를 집계하는 포괄적인 데이터베이스다. 미 국세청 IRS 990 양식을 게시하는 것 외에도 조직이 자체적으로 보고하는 정보의 양을 기준으로 브론즈에서 플래티넘까지 등급으로 조직을 분류한다. 이 사이트의 자체 보고 정보는 세부적이어서 단체의 사명과 목표는 물론 전략, 메트릭스, 기능 및 영향에 대한 더 나은 이해를 제공하고 있다.

가이드스타 웹사이트에서 비영리단체를 검색하면 재부 정보에서부터 국세청 공시자료, 사업소개, 사회적 성과 등을 확인할 수 있다. 각 단체가 미치는 사회적 영향력을 기부자에게 알려 기부금 모집과 신뢰도를 끌어올린다는 취지다. 비영리 프로파일 Nonprofit Profile, 가이드 스타 채러티 체크 GuideStar Charity Check, 가이드스타 프로 GuideStar Pro 등 대부분은 유료 프로그램이다.

가이스스타는 성과측정 지표인 '차팅임팩트 Charting Impact'를 개발하여 비영리단체의 비전과 목표를 기부자들에게 알린다. 비전에 따른 성과 Outcome 를 산출물 Output 보다 더 중요시한다. 단체들이 이미 수집하고 사용하는 측정지표를 반영할 수 있도록 '보편적 성과 Common Result '도 만들었다. 가이드스타 최고등급인 플래티넘의 비영리단체에만 제공되는 이 서비스는 조직의 사명에 대한 발전과정을 분야별로 정량적으로 보고할 수 있게 하였으며, 단체가 측정항목을 살펴보고 단체에 적합한 지표를 확인하고 적합한 게 없다면 직접 지표를 추가할 수도 있다. 비영리단체에 보편적이고 포괄적으로 적용할 수 있는 활동 분야별 성과측정 지표이다.

차팅임팩트(Charting Impact)의 5가지 질문

1. 기관이 성취하고자 하는 목표는 무엇입니까?
2. 이를 실현하기 위한 전략은 무엇입니까?
3. 목표를 달성하기 위한 조직의 능력은 어떤 것들이 있습니까?
4. 사업의 성과를 어떻게 측정하고 있습니까?
5. 기관이 그동안 이룬 성과와 아직 이루지 못한 성과는 무엇입니까?

채러티 내비게이터 Charity Navigator

채러티 내비게이터는 2001년 설립된 미국에서 가장 신뢰받는 비영리기관 평가기관 중 하나이다. 미국을 기반으로 활동하는 501(c)(3) 면세혜택을 받는 단체만을 평가하며, 무려 160,000개 이상의 단체를 평가한다. 단체를 설립한 팻 · 메리언 두건 Pet Dugan & Marion Dugan 부부는 아들을 잃고 상당한 돈을 자선단체에 기부하였으나, 그 단체가 사기였다는 것을 알고 기부자에게 비영리단체의 정보를 제대로 알려주는 중간 평가기관을 직접 만들게 되었다.

채러티 내비게이터는 미 국세청 IRS 에 매년 공시하는 990 양식을 통해 12개 항목을 평가하고, 평가대상 홈페이지를 통해 5개 항목을 평가한다. 영역별 범주를 나눠 재무 건전성, 책무성과 투명성을 평가해 점수에 따라 단체의 등급을 0~4 별점으로 매긴다. 채러티 내비게이터는 책무성은 단체가 이해관계자에게 단체 활동에 대해 보고하고 설명해야 하는 의무 또는 의향, 투명성은 단체에 대한 주요 자료를 발간, 공유해야 하는 의무 또는 의향으로 정의한다. 단체를 공정하고 정확하게 평가할 수 있는 분류시스템을 적용해 공익, 예술 · 문화 · 인문, 교육, 환경, 동물, 사회복지, 국제, 건강, 종교 등 9개 대범주와 세부 범주로 분류하고, 세부적인 평가 기준을 통해 기관의 특성을 반영한 평가를 시행하고 있다. 책무성 및 투명성에 있어 단체가 훌륭한 거버넌스와 도덕적으로 우수한 사례를 따르고 있는지, 기부자가 단체에 대한 주요 정보를 쉽게 얻을 수 있는지를 확인한다. 이곳에서 운영하는 프로필 업데이트 프로그램 Profile Update Program 은 비영리단체가 자신들의 프로필을 추가하여 기부자들에게 단체가 어떤 곳인지를 스스로 증명할 수 있다.

❖ 채러티 내비게이터 평가지표

구분		세부 내용
재정 건전성	재정 효율성	수행지표 1. 프로그램비 수행지표 2. 운영비 수행지표 3. 모금활동비 수행지표 4. 모금활동의 효율성 수행지표 5,6. 주요 수입원 및 프로그램비 지출의 증가 수행지표 7. 유동자산비율
		• 간접비 배분조정 : 배분비용 결정 근거 또는 재정서류가 충분하지 않을 시 간접비 배분을 제외하고 평가 실시 • 공동비용 배분조정 : 공동 수행한 교육 캠페인과 모금 활동에서의 공동비용 부분 확인(모금활동비의 소액을 프로그램비로 배정하지 않고, 프로그램비에서 공통비를 따로 정리하여 모금활동비에 포함해야 함) • 재무능력 수행지표 : 프로그램과 서비스 지속력, 경제적 위기 시 후원 가능 여부 측정·분석 • 재정점수 및 재정건전성 등급 : 7개 수행지표로 평가 → 점수를 0~10범위 숫자로 환산 → 점수에 30점을 더하여(100점 만점으로 환산) 전체 점수 계산 → 전체 재정등급표를 활용하여 등급 결정 • 특정 기능에 대한 점수 : 단체가 처한 상황과 변화하는 환경을 고려하여 등급조정 • 등급 대 순위(Ratings vs. Rankings) : 등급은 순위가 아니므로 최고에서 최저 순으로 정렬하지 않음. 등급을 통해 단체의 질적 수준 파악
책무성 및 투명성	미국 국세청 (IRS) 990 양식 자료 (12개 항목)	① 독립적인 이사회 : 이사회 구성원이 5명 이상인지, 과반수 이상 투표에 의해 결정되는지 확인 ② 예산의 전용 : 최근 2년간 IRS 990 양식 검토, 예산전용 여부 및 시정조치 확인 ③ 외부 회계법인을 통한 회계감사 : 독립된 회계법인을 통한 감사 여부, 재정책무성과 정확도 확인 ④ 관련 당사자 간 대출 : 대출 여부, 이해충돌 확인

구분		세부 내용
책무성 및 투명성	미국 국세청 (IRS) 990 양식 자료 (12개 항목)	⑤ 이사회 회의록 : 회의록 보관 여부 확인 ⑥ 최종 보고 전 단체의 관리부서에 990 양식 사본 제출 : 이사회 사전검토 확인 ⑦ 이해관계 상충에 관한 정책 : 정책 여부 확인 ⑧ 내부고발자 방침 : 단체 내부 불만 사항, 재정적으로 불합리한 처리에 대한 비밀 보고 처리 등 관련 정책 확인 ⑨ 기록물 보존 및 폐기 방침 : 문서처리, 보관, 폐기와 관련된 가이드라인 확인 ⑩ CEO와 급여 : CEO 이름과 급여기입 준수여부 확인 ⑪ CEO 급여의 결정 절차 : 급여산정 관련 문서화된 방침, 급여결정과정 보고 확인 ⑫ 이사회 명단/무보수 이사 : 이사회 명단, 임원 보상 기입 확인
	단체 웹사이트 검토 (5개 항목)	① 이사회 리스트 : 홈페이지 공개 여부 ② 주요 직원 리스트 : 홈페이지 공개 여부 ③ IRS 990 양식 : 가장 최신의 IRS 990 양식 홈페이지 공개 여부 ④ 회계감사 보고서 : 가장 최신의 IRS 990 양식 회계감사 보고서 홈페이지 공개 여부 ⑤ 개인정보 보호정책 : 기부자 개인정보 보호정책 홈페이지 공개 여부
별점 기준		등급　　점수　　평가 ★★★★　90+　　우수 ★★★☆　75-89　좋음 ★★☆☆　60-74　개선 필요 ★☆☆☆　50-59　나쁨 ☆☆☆☆　<50　　매우 나쁨

* 채러티 내비게이터 홈페이지(www. charitynavigator.org)

한국가이드스타

미국에 채러티 내비게이터가 있다면 국내에는 한국가이드스타가 있다. 비판과 논란, 우려와 기대 속에 한국가이드스타가 2017년 처음으로 공익법인 평가 결과를 발표했다. 2020년 공시에 대한 평가에서 10,514곳 중 한국가이드스타 평가 대상에 속한 법인은 585곳이었고, 나머지 95%의 법인은 평가에 적합하지 않거나 불성실한 결산서류 공시로 제외됐다. 평가 대상에 속한 585개 법인에 자료 제출을 요청했으나 43곳(7.4%)은 자료를 제출해서 평가받았고, 나머지 542곳(92.6%)은 평가를 거부했다.

올해 공개된 2022년 공익법인 평가결과를 보면, 전체 11,306곳 중 평가 대상 871개, 평가 제한(불성실공시 등) 1,157개, 평가 비대상(학교법인, 의료법인, 설립5년 미만 등)은 9,278개로 나타났다. 평가 대상 871개 중 최우수 Star 공익법인은 40개(4.6%), 투명성 평가를 받지 않았지만 재무효율성이 우수한 예비스타 Pre-star 는 206개(23.7%), 최우수 Star 와 예비스타 Pre-star 를 제외한 법인이 625개였다.[8]

여전히 평가받지 않기를 선택하는 법인은 나름의 이유가 있을 것이다. 평가에 대한 인식이 부족하거나, 외부 평가에 대한 막연한 두려움, 혹은 기부자들에게 차마 공개할 수 없는 비밀스러운 부분이 있어서일지도 모르겠다. 현장에서 들려오는 더 중요한 이유는 "평가받을 이유가 없어서"였다. 비영리단체는 why로 시작해 why로 끝나는 곳이다. "왜 평가를 받아야 하지?", "왜 그곳이 우리를 평가하지?", "왜 그런 방식으로 평가를 받아야 하지?", "우리를 제대로 평가할 수 있을까?" 등등 꼬리에 꼬리를 잇는 질문이 이어졌다.

2008년 설립된 한국가이드스타는 2013년 1월 1일 국세청 고시에 따라 국세청 '공익법인 결산서류 등 공시시스템'에 공시한 결산서류를 기부 활성화 목적으로 제공받을 수 있도록 지정된 최초의 공익법인이다. 미국은 2016년 6월 미 국세청 IRS 990 양식으로 취합된 비영리단체 정보를 모두에게 공개하여 누구나 이용할 수 있다. 한국가이드스타는 2015년 GSK1.0이라는 평가지표를 개발하여 2019년까지 총 3차례 평가지표를 업그레이드하여 현재 GSK4.0으로 공익법인을 평가하고 그 결과를 공시하고 있다. GSK는 공익법인들이 스스로 자료를 추가로 공개하도록 독려하기 위해 '투명성 및 책무성' 지표의 변별력을 높여가고 있으며, 별점 3개를 받은 기관만 공개하던 것을 별점 1~2개를 받은 기관도 모두 공개하고 있다. 별점을 받은 공익법인은 한국가이드스타의 검증받은 우수 공익법인으로 인식될 수 있도록 공개범위를 확대하였다. 국내 상황에 맞는 적합한 검증시스템으로 자리 잡아가기 위해 평가 시스템 개선 노력을 이어가고 있다.

❀ 한국가이드스타 GSK4.0

평가기준 자료	국세청 공익법인 결산서류 등 공시자료 한국가이드스타의 추가 요청 자료
평가대상	공익법인 결산서류 등의 자료를 국세청 홈택스에 공시한 공시법인 1. 3개년도 공익법인 결산서류 등의 자료를 공시한 공익법인 2. 외부회계감사를 받은 법인으로, 외부회계감사 전문을 공시한 공익법인 3. 공시양식 기준, 설립한 지 5년 이상의 공익법인 4. 학교법인 또는 의료법인 이외의 공익법인 5. 설립 주체가 '국가' 이외의 공익법인

평가제한 법인	1. 최근 3년 내 부정적 언론 보도
	2. 공익법인으로서의 기본 의무를 다하지 못하였다고 판단되는 법인
	  - 공시자료에 공익목적사업비를 0원으로 기재한 법인
	  - 공시자료에 사업수행 비용을 0원으로 기재한 법인
	  - 법인별 적정 보유주식을 초과한 법인
	  - 자산대비 적정 총주식을 초과한 법인

| 평가제한
법인 | 3. 일반적인 경우가 아니라 평가를 유보해야 한다고 판단되는 법인
  - 공시자료에 일반관리와 모금비의 합이 0원인 법인
  - 공시자료에 직원 수를 0명으로 기재한 법인
  - 공시자료에 따라 (평균) 인건비가 최저임금 이하로 산출된 공익법인 |

평가지표	재무 효율성	• 비용 지출 효율성(3년간 프로그램 비용) • 모금 효율성(3년간 모금 효율성) • 모금 활동비(3년간 모금활동 비중)
	투명성 및 책무성	• 국세청 공시서류 및 외부 감사보고서 홈페이지 등에 공개 • 연례보고서 또는 사업성과 보고서 홈페이지 등에 공개 • 기부자 개인정보처리 정책 • 중요서류 보존·유지·폐기 관련 내부 규정 • 총회 또는 이사회 회의록을 홈페이지 등에 공개 • 특수관계인에 관한 내부 거래 정책 • 홈페이지 등에 주요 직원 리스트 공개 • 설립 시 출연자 정보 기재 유무

종합별점 계산식	$100 - \sqrt{\dfrac{(100\text{-Financial})^2 + (100\text{-A\&T})^2}{2}}$	* Financial : 재무효율성 * A&T : 투명성 및 책무성 출처 : Chanity Navigator

종합별점 부여기준	최종 부여 별점	종합별점 계산 점수 범위
	★★★	85점~100점
	★★	70점~85점 미만
	★	60점~70점 미만
	별 없음	60점 미만

한국가이드스타 공익법인 평가대상으로, 평가자료를 제출하였으나 기부금 지출액 대비 해외 본부 송금액이 50% 이상인 법인은 종합별점을 부여하지 않음

* 한국가이드스타 홈페이지(www.guidestar.or.kr)

한국비영리조직평가원 KINE

비영리조직의 건전성 평가기관으로 한국비영리조직평가원 KINE 이 2023년 2월 설립되었다. 2021년 8월 비영리·회계·법률·세무 분야 전문가 16

명이 모여 '비영리조직 평가 기준 제정위원회'를 발족하였다. 약 1년간의 논의를 거쳐 2022년 10월 '비영리조직 조직 건전성 제3자 평가 기준' 초안을 공개했다. 비영리조직 스스로 하는 '자가 평가'가 아니라 '제3자 평가'를 위한 것으로 비영리조직 신뢰도를 입증해 비영리 생태계 선순환을 이끌어 낸다는 취지이다.

현재 기관 홈페이지에 '조직건전성평가'에 대한 구체적인 내용과 지표들이 공개되어 있다. 평가내용은 거버넌스, 목적에 맞는 사업, 재정과 회계, 모금, 정보공개와 외부 소통 등 단체의 투명성과 책무성에 초점을 두고 있다. 예를 들면 거버넌스 영역에는 기본 평가와 심화 평가 기준이 각각 6개씩 있다. 기본 평가 문항은 '정관에 따라 임원회를 개최하고 있는지', '법정 보존문서를 보존기간까지 보관하고 있는지' 등이다. 심화 평가 문항은 '임원 보수는 총회나 이사회에서 승인되는지', '직원 처우는 관련 법령을 준수하고 있으며, 내부 교육 등 인재 육성을 계획적으로 하고 있는지' 등이 해당한다.[9]

국내 비영리단체 평가기관이 생겨나는 것은 환영할 만한 일이다. 하나보다는 둘, 둘보다는 셋이 낫다. 한국적 특수성 및 단체별 특성(규모, 범주, 활동 내용, 운영 방식 등)을 반영하여 정교하게 설계된 평가지표를 내놓는 기관이 공신력 있는 평가기관으로 자리매김할 것이다. 제3자 평가가 단체의 가치와 성과(임팩트)를 증명하는 기준은 아니지만, 기부자와 이해관계자들에게 정확한 정보를 제공하고, 단체가 투명성과 책무성을 위해 얼마나 최선을 다하는지를 보여줄 수 있는 증거는 될 수 있다.

평가요소	• 거버넌스(경영과 관리) • 조직의 목적과 사업 • 재정과 회계, 모금 • 정보공개와 외부 소통
평가방법	• 기본평가, 심화평가 : 패스·페일(Pass·Fail)방식 • 기본평가 : 대다수 비영리조직이 통과할 수 있는 기본적 요건 평가 (서류) • 심화평가 : 어느 정도 규모 있는 조직에 적용 (전문위원 현장 심층확인)
평가결과	• 등급구분 : '코어', '어드밴스', '하이' • 등급에 따른 인증마크 부여 • 평가수수료와 인증마크 사용료 지불

* 한국비영리조직평가원 홈페이지(www.kine1004.org)

평가 결과 활용

효과적인 이사회는 평가 결과에 대한 후속 조치 절차를 마련할 것이다. 먼저, 평가 결과를 이사회와 개별이사들에 보고해줘야 한다. 이사회는 그 것을 가지고 자유롭고 심도 있게 토론하고 개선안을 마련해야 한다. 개선 안은 구체적이고 명확하여야 하며 실행 가능성을 고려하여야 한다. 평가 결과를 보고 이사회나 개별이사가 크게 낙심할 수 있다. 평가 결과는 서로 를 향한 비판이 아니라 부족함을 파악해서 이사회 개선을 위한 디딤돌로 활용하도록 한다.

마지막으로, 어려운 과제가 남아있다. 평가 결과를 공개할 것인지, 공개 한다면 어디까지 공개할 것인지를 결정해야 한다. 물론 정답은 없다. 평가

결과 공시는 이해관계자들에게 의사결정과정의 투명성과 절차적 정당성을 증명할 수 있는 최고의 방법이다. 미국의 경우 일부 기업의 이사회는 위임장 보고서 Proxy Statement (기업이 주주에게 의결권 행사를 요청할 때 요구되는 보고서)에 이사회 평가 절차의 세부 사항을 공시하기도 한다. 이는 보편화된 관행은 아니지만 기관 투자자들에게 그러한 정보는 매우 유용하다. 국내에서는 SK㈜를 비롯해 SK이노베이션, SK하이닉스가 매년 이사회 평가 결과를 공시하고 있으나 평가항목 자체가 애매하고 방법이나 절차, 기준 등도 명시하지 않아 알 수 있는 정보가 거의 없다. 비영리단체의 경우 이사회 평가를 시행하는 곳이 많지 않기 때문에 평가 결과를 공개하는 곳을 알지 못한다(혹시 그런 사례가 있다면 알려주기를 바란다).

첫술에 배부를 수 있을까. 먼저는 건강한 거버넌스 구축을 위해 비영리단체 이사회 평가가 도입되어 시행착오를 겪어가면서 평가가 활성화되고, 점차 평가 공시에 대해 고민하는 현장의 소리가 들려오기를 바란다. 비영리단체가 정부, 기업 등 타 영역에서 발전된 이론이나 모델을 도입하여 따라가기보다 모범적인 거버넌스 모델을 만들어 제시할 수 있어야 한다. 공익적 목적을 위해 연대와 협력을 통해 일하는 비영리단체야말로 거버넌스 리더십이 무엇인지 제대로 보여줄 수 있는 유일한 조직이 아니겠는가.

미주

1장

1 van der Hoeven, R. (2001). "Assessing Aid and Global Governance." *Journal of Development Studies*, Taylor & Francis Journals, 37(6): 109–117

2 이명석(2017), 『거버넌스 신드롬』. 성균관대학교출판부

3 김민석(2021), 『책임지는 경영자 정의로운 투자자』. 위너스북

4 The Global Sustainable Investment Alliance(GSIA)

5 [박란희의 TalkTalk] ESG ETF와 지속가능보고서의 그린워싱(임팩트온, 2023.05.10.)

6 대기업 총수들 일제히 ESG 외쳤는데…한국엔 G 없는 이유(중앙일보, 2021.02.19.)

7 정의연 사태를 통해 본 기부금 투명성 문제(프레시안, 2021.01.28.)

8 미완의 마침표…이태원 참사 국정조사특위 55일간의 기록(한겨레, 2023.01.21.)

9 "이상민, 참사 뒤 85~105분간 해결 의지 안보여" 일부 재판관, 국가공무원법 위반 지적(한겨레, 2023.07.26.)

10 Galvin, J.C. (2020), *Maximizing Board Effectiveness*, Tenth Power Publishing(이은진 옮김(2021). 『굿 거버넌스, 어떻게 할 것인가』. 비아토르)

11 Byrd, R. E. (1987). "Corporate Leadership Skills : A New Synthesis." *Organizational Dynamics*, 16(1): 34–43

12 Carver, J. (2006), *Boards That Make A Difference*(3rd Edition), John Wiley & Sons(구미화 옮김(2021), 『변화를 이끄는 이사회』. 나눔북스)

2장

1 Kristof, A. L. (1996), "Person-Organization Fit : An Integrative Review of Its Conceptualizations, Measurement, and Implications." *Personnel Psychology*, 49: 1–49

2 김정린(2005), 『비영리조직경영』. 아르케

3 홍성만·이종원(2009), "숙의거버넌스와 합의형성 제도설계 : 시화지역 지속가능발전협의회의 운영사례를 중심으로", 행정논총, 47(1): 21–45

4 신진욱(2022), 『한국 시민사회의 새로운 흐름에 대한 질적 면접 연구』. 아름다운재단 기획연구

5 "당장 효과도 없고, 측정도 어렵지만, 조직문화는 강력한 미래 성과 예측 지표", Harvard Business Review, 2018. 1–2월호

6 Schmidt, E., Rosenberg, J., & Eagle, A. (2014), *How Google Works*, John Murray(박병

화 옮김(2014), 『구글은 어떻게 일하는가』. 김영사)

7   "바람직한 의장이 되는 법", Harvard Business Review, 2018. 3-4월호

3장

1   사외이사 평균연봉 5,400만 원… 소송 대비해 책임보험 챙겨주기도(매일경제, 2022.05.04.)

2   김정연(2022), "선량한 관리자의 주의의무란", 비영리거버넌스인사이드. 2022 여름호

3   천경훈(2017), "회사에서의 이익충돌". 저스티스 159: 260-261

4   김정연(2021), 비영리법인 이사회의 운영 실태와 개선방안, 2021년 기획연구 보고서, 아름다운재단

5   Weimer, David L. & Aidan R. Vining(2005), *Policy Analysis : Concepts and Practice*, 2nd Ed., Prentice Hall, Englewood Cliffs, New Jersey.

6   최근에는 Chairperson 혹은 Chair로 바뀌었지만, 여전히 Chairman이 상용화되어 사용되고 있다.

7   Chairman vs. CEO(김승열 변호사, 월간조선 뉴스룸 컬럼)

8   박찬욱 감독의 영화 <헤어질 결심>에서 주인공 해준은 "나는 완전히 붕괴됐어요." 라고 말한다. 이때 '붕괴'는 사랑 앞에서 상대를 위해 자신이 무너지고 깨지는 것이다. 그리고 새로운 에너지를 생성하는 것이다. 조직에서의 붕괴는 그냥 무너짐이다. 권력관계의 균형이 아니라 우위를 점하려는 몸부림, 나를 위해 상대를 무너뜨리고 깨뜨리는 것이다.

4장

1   일반적으로 단체 재정과 이사회 규모가 비례하지만, 이사회 효과성이 높은 단체들은 반드시 일치하지 않는다. 2021년 기준 (재)다음세대재단 수입은 약 16억 원(기부금은 약 6억 8천), 이사회 7명, (사)한국자원봉사문화 수입은 약 17억 원(기부금은 약 14억), 이사회 22명, (재)아름다운재단 수입은 약 96억 원(기부금은 약 77억), 이사회 11명이다.

2   시늉에만 그치는 이사회 다양성 강화. Harvard Business Review, 2021.10.21.

3   후원자·봉사자·활동가… 비영리 이사회 구성원이 달라진다(더나은미래, 2021.3.16.)

4   BoardSource의 Leading with Intent : National Index of Nonprofit Board Practices Survey(June 2021). 응답자는 총 820명(최고경영자 689명, 이사장 131명)

5   http://www.seeyouatthetop.kr/index.php/archives/1069

6 이명신·신숙희·장영철(2012), "서번트 리더십이 조직유효성에 미치는 역할 : 신뢰와 감성지능의 역할". 대한경영학회지 25(2): 907-929

5장

1 사무실의 중요성, 인간은 공간의 지배를 받는다(경제포커스, 2019.07.29.)
2 국내 비영리법인 이사회 운영현황(2016년도 국세청 공시 등록 재단법인, 총 159단체), 아름다운재단
3 Grobman, G. M. (2018), *Ethics in Nonprofit Organizations Theory and Practice*(3rd Edition), White Hat Communications(구미화 옮김(2019), 『비영리단체의 윤리』, 아름다운재단&나눔북스)
4 소통의 기본은 토킹 스틱(ZERO, 2020.10.29.)

6장

1 엄수진·임자영·정유진(2016), "주요국 모범규준 내 이사회 평가 규정 현황", *CG리뷰* vol82(1호), 토픽분석, 한국ESG기준원
2 강영기·이필화·한수빈(2022), 『DERI ESG Issue Report 이사회 실효성 평가의 중요성』, 대신경제연구소
3 '공익네트워크 우리는'은 녹색연합, 생명의숲, 컨선월드와이드, 함께걷는아이들, 한국공익법인협회, 재단법인 동천, 서울시NPO지원센터 실무자들이 2018년 5월부터 뜻을 함께하여 공동으로 운영하는 네트워크 조직이다.
4 서울시공익활동지원센터, 기획아카이브25, 조직의 투명성과 책무성을 점검하는 데 도움이 될 자료들
5 PwC and the Institute of Internal Auditors Research Foundation, Board Effectiveness : What Works Best 2nd Edition 4 수정
6 Edgar Stoesz(2015), *Doing Good Better*, Skyhorse Publishing; James C. Galvin(2020), *Maximizing Board Effectiveness*, Tenth Power Publishing; CIVICUS, GlassPockets, NGO PACT 등 선행된 이사회 자가평가표를 기반으로 국내 비영리단체 상황에 맞게 수정개발함
7 https://www.acnc.gov.au
8 한국가이드스타 "투명성 최우수 공익법인 발표…국내 법인 중 4.6%"(뉴스핌, 2023.04.18.)
9 비영리 투명성 평가지표 만든다…'평가기준 공개초안' 공청회 개최(더나은미래, 2022.10.26.)

에필로그

방 안의 코끼리 꺼내기

어느 날 작은 코끼리가 방 안에 들어왔다. 작은 코끼리를 꺼낼까 잠시 고민하다 이사회나 경영진이 싫어할까봐 혹은 단체 누구도 대수롭지 않게 여겨 그냥 모른 척했다. 가끔 생각나긴 했는데 괜히 먼저 말을 꺼냈다가 불똥 튈까 두려워 애써 외면했다. 그러다 한참 뒤 우연히 그 방을 지나치다 보니 그새 코끼리가 엄청나게 커져서 방 안을 가득 메우고 있었다.

'방 안의 코끼리 Elephant in the room'. 모두가 잘못됐다는 사실을 알면서도 그 누구도 이야기하지 않는 현상을 말한다. 어떤 사실이 너무 거대하고 무거워서 덮어두고 언급하길 꺼리는 상황을 말할 때 쓰인다. 비영리단체에 '방 안의 코끼리'가 더욱 당혹스러운 것은 그것이 거버넌스와 관련된 문제이기 때문이다. 이사장의 전횡, 가족경영, 경영진의 횡령·비리, 이해충돌, 무기력한 이사회, 위계적인 의사결정구조…. 비영리단체에서 거버넌스는 명확하게 문제라고 모두 알고 있지만 그 누구도 꺼내기 어려운 문제, 말하지 못하거나 혹은 말할 수 없거나 아니면 말하지 않는 문제이다.

건강한 조직이라면 '방 안의 코끼리'를 꺼내기로 결단할 것이다. 코끼리를 꺼내는 과정에서 누군가는 상처받고 누군가는 단체를 떠나는 사람이 생길 수도 있다. 심각한 논쟁과 갈등이 유발될 것이며, 구성원 모두가 뼈를 깎는 고통을 겪어야 한다는 것도 안다. 그래도 감내해야만 한다. 복부에 박

힌 총알을 빼내지 않으면 처음에는 호흡곤란, 장기 손상, 쇼크 정도였다면 머지않아 총알 파편은 장기 곳곳에 박히면서 엄청난 파괴력으로 사망에 이르게 할 테니까.

세상에 완벽한 것은 없다. 비영리단체도 예외는 아니다. 더욱이 선한 의도가 면죄부가 될 수도 없다. 비영리단체이기 때문에 자신을 스스로 돌아보고 성찰하며 더 엄격한 잣대를 들이대는 처절한 노력을 해야 한다. 비영리단체를 둘러싼 불미스러운 일들로 공익적 목적을 위해 헌신하는 이 땅의 모든 영웅의 노력이 헛되지 않기를 바란다. 이 책을 읽는 모든 분이 방 안의 코끼리를 꺼내는 일에 앞장서 줄 거라 믿는다.

모든 비영리단체가 책임지는 거버넌스를 통해 더욱 단단해지고 위대해지기를, 그래서 우리 사회가 경제성장 중심의 '성장사회'에서 형평성, 사회적 신뢰나 연대, 건강증진, 다양성 회복, 미래세대의 웰빙까지 고려하는 '성숙사회'로 나아가는 그 길을 비영리단체가 힘있게 견인할 수 있기를 진심으로 소망한다.

끝으로, 초고를 저자보다 더 꼼꼼히 읽고 코멘트해주시고, 함께 토론하며 현장 적합성을 높이기 위해 고심해준 한국YWCA연합회 박동순 국장님, 함께걷는아이들 유원선 사무국장님, 한국자원봉사문화 윤영미 사무총장님, 이 책을 추천해주신 실무자분들, 그리고 책의 가치를 알아봐주시고 기꺼이 출판에 나서 주신 씨아이알 김성배 대표님, 이진덕 편집장님, 신은미 팀장님, 수고해주신 직원분들께 진심으로 감사드린다. 마지막으로, 늘 힘이 되는 사랑하는 가족들에게 감사의 말을 전한다.

2023년 8월

이명신

아무나 쓰고 아무도 모르는
거버넌스

초 판 발 행	2023년 8월 30일
초 판 2 쇄	2024년 1월 5일

저 자	이명신
펴 낸 이	김성배
펴 낸 곳	도서출판 씨아이알

책 임 편 집	이진덕 신은미
디 자 인	안예슬 엄해정
제 작 책 임	김문갑

등 록 번 호	제2-3285호
등 록 일	2001년 3월 19일
주 소	(04626) 서울특별시 중구 필동로 8길 43(예장동 1-151)
전 화 번 호	02-2275-8603(대표)
팩 스 번 호	02-2265-9394
홈 페 이 지	www.circom.co.kr

I S B N	979-11-6856-159-5 93320